中國第一歷史檔案館

明清宮藏中西商貿檔案（四）

乾隆四十八年起
嘉慶五年止

中國檔案出版社

目录

第四册

三六三　廣東巡撫尚安奏折

報告通年應征關稅總數

(乾隆四十八年二月十三日)

尚安
李質穎　粵海關通年應征關稅總數

奏　文　○

三月十四

奴才尚安
奴才李質穎謹

奏為

奏明通年應征關稅總數仰祈

聖鑒事竊照粵海關應征正雜銀兩例應一年期滿先將總數

奏明俟查核支銷確數分款造冊委員解部仍具題

題奏報歷經遵照辦理茲乾隆四十六年十二月二十六日起至四十七年

三六三　廣東巡撫尚安奏折（報告通年應征關稅總數）
（乾隆四十八年二月十三日）

十二月二十五日止一年期滿通關各口共報應征正雜盈餘等銀五十
二萬一千一百四十兩五錢五分二釐所有內地各口稅銀俱陸續解貯
關庫至洋船出口稅銀經臣李質穎
奏准令行商隨貨交納已據完繳在庫其進口稅銀現飭行商上
緊代夷人完交務遵部限滿關後六個月內征齊起解不敢稍遲
除俟核明支銷確數分款造冊解部查核另行具
題奏報外所有乾隆四十八年分一年期滿應征稅銀總數恭摺
具
奏查乾隆四十六年二月十三日承准戶部劄行
奉
旨粵海關經征課稅向來原視洋船之多少貨物之粗細以定盈絀
非滸墅等關征收內地貨物者可比所有圖明阿短少銀三萬二

三六三　廣東巡撫尚安奏折

報告通年應征關稅總數

(乾隆四十八年二月十三日)

千二百餘兩據稱係船小貨粗尚屬有因著加恩免其賠補歸補

該部查核粵海關征收課稅即以該年之船隻貨物核實考

察毋庸照各關例將上三屆比較餘依議欽此欽遵今乾隆四十八

年分祇到洋船十四隻通關各口共征稅銀五十二萬一千一百四

十兩五錢零合并陳明伏乞

皇上聖鑒謹

奏

乾隆四十八年二月十三日奉

硃批該部知道欽此

二月　十二日

三六四 粤海關監督穆騰額奏折

報解粤海關關稅盈餘銀兩

(乾隆四十九年六月初一日)

奴才穆騰額跪

奏爲報解關稅盈餘銀兩事竊照粤海關每年征

收正雜銀兩例應具摺

奏報茲奴才會同兩廣總督臣舒常查前監督臣

李質穎管關任内自乾隆四十七年十二月二

十六日起至四十八年十二月二十五日止一

年期内通共收銀七十九萬七千八百六十一

兩五錢七分一釐内商稅船鈔正項銀四十三

萬七千七百八十六兩二錢八分八釐内支出

正額銀四萬兩銅斤水脚銀三千五百六十四

兩照例移交布政司庫取有庫收送部查核在
案又耗担分規雜羨盈餘銀三十六萬七十五
兩二錢八分三釐内支出採辦
貢品通關經費養廉工食以及鎔銷折耗等銀七
萬一千三百三十二兩三錢八分四釐又支出
解交造辦處裁存銀二萬五千兩又支出節存
水脚解部飯食銀四萬四百八十四兩八錢二
分二釐尚存正項盈餘銀三十九萬四千二百
二十二兩二錢八分八釐雜項盈餘銀二十二
萬三千二百五十八兩七分七釐又節存水脚

銀二萬二千五百二十兩二錢八分九釐共存
解盈餘銀六十四萬六錢五分四釐另解節存
平餘罰料截曠等銀一千九百八十六兩三錢
四釐查此項節存平餘罰料截曠等銀現經遵
照户部
奏准於奏報盈餘摺内按數剔除入於本案報銷
不歸併盈餘項下理合聲明兹遵例具疏
題報按款分批委員解部外再查乾隆四十六年
二月十三日奉
上諭粵海關經征課税向來原視洋船之多少貨物

三六四 粤海關監督穆騰額奏折

報解粤海關關税盈餘銀兩

(乾隆四十九年六月初一日)

之粗細以定盈絀非滸墅等關征收内地貨物者可比所有圖明阿短少銀三萬二千二百餘兩據稱係船小貨粗尚屬有因着加恩免其賠補嗣後該部查核粤海關征收課税即以該年之船隻貨物核實考察毋庸照各關例將上三届比較餘依議欽此欽遵在案又於乾隆四十七年四月内經

户部

奏准粤海關税銀以乾隆四十一二兩年作爲比較亦在案兹乾隆四十九年分計到洋船三十六隻共收銀七十九萬七千八百六十一兩五

三六四　粵海關監督穆騰額奏折

報解粵海關關税盈餘銀兩
(乾隆四十九年六月初一日)

錢七分一釐比較乾隆四十一二等年俱有盈
無絀理合循例恭摺
奏明所有税餉現於乾隆四十九年六月初一日
自粵起程謹將收支數目隨同餉銀恭摺
奏報伏乞
皇上睿鑒勅部核覆施行謹
奏
硃批：覽。
乾隆四十九年六月　　初一　　日

三六五 粵海關監督穆騰額奏折

查辦關務并各行洋商與夷人公平交易(乾隆四十九年七月十九日)

奴才穆騰額跪

奏爲謹陳查辦事宜仰祈

聖鑒事竊奴才於本年正月莅任後留心稽查關務

並嚴諭各行洋商與夷人交易務要公平俾無

懟怨就現在情形尚無應需查辦事件惟接准

前監督李質穎交代卷宗見有洋商蔡昭復潛

逃一案隨即咨會督臣舒常檄飭地方官嚴行

查緝迄今尚未弋獲當查該商蔡昭復現有應

完四十九年分官餉四千九百餘兩五月內即

須起程委解未便因該商遠逃在外致悞解期

即將蔡昭復行業房屋飭令星速變價清完欠

餉隨於四月內照數完納所有四十九年分應

三六五　粤海關監督穆騰額奏折
查辦關務并各行洋商與夷人公平交易(乾隆四十九年七月十九日)

解税銀已於六月初一日委員管解起程奴才竊思逃商蔡昭復延欠官餉既將行業房屋變價完繳伊已别無事故何以仍復在逃未回其平日開設洋行或有拖欠夷人銀兩之事因檢查案卷見有洋商陳天德蔡世文陳世積等俱負累夷欠或係産絶退商無從着追或係自向夷商議明禀息俱經前監督批結在案惟逃商蔡昭復尚有拖欠夷人番銀一十九萬一千八百九兩零乾隆四十一年夷人控禀乞追經前監督德魁批飭蔡昭復禀詞斷以遠年積欠止利歸本分作十年清還蔡昭復於四十一年至四十五年陸續還過番銀二萬五千七百六十

三六五　粵海關監督穆騰額奏折

查辦關務并各行洋商與夷人公平交易(乾隆四十九年七月十九日)

四兩零下欠銀一十六萬六千四十四兩零四
十五年據衆商於前監督圖明阿任内出具連
環保結附卷在案奴才伏思我
皇上懷柔遠夷原許各國商船來廣交易懋遷内地
貨物在夷人放債行商重利滾剥固屬有違禁
例但行商以内地貿易之人負欠夷人利債至
十餘萬兩之多亦應速行究辦以順夷情查蔡
昭復自四十一年至四十五年已歸還夷欠銀
二萬五千餘兩下欠尚多至一十六萬六千餘
兩數年以來未經按年清還亦並無夷人控追
而蔡昭復之在逃未回自係因負欠夷人此項
銀兩希冀潛匿在外任意延宕因與督臣舒常

三六五　粤海關監督穆騰額奏折

查辦關務并各行洋商與夷人公平交易(乾隆四十九年七月十九日)

向商既有衆商連環保結自應先爲按數填還一俟該夷人來粤貿易應即飭令出結之保商等將蔡昭復歷年未清銀兩按年照數分還以清夷欠至奴才履任後正月内共來外洋夷船四隻起貨完税之後俱已先後出口揚帆回國五六兩月至七月十五日止續來洋船共一十二隻奴才俱親赴黄埔查丈現在起卸貨物按則完税商賈民夷俱各安堵竊查行商舊習銷售貨物富商倚恃資厚每易居奇壟斷疲乏之商又每拖欠夷人本利以致因循負累奴才視事已逾半年時時體察行商交易尚屬公平並無居奇壟斷情弊至現今夷人往來粤東年久

亦俱積慣年利並熟悉内地風土人情有利則來無利則止亦不受奸商把持侵欺致有被累情事再查海關寫遠口岸距省多至一二千里不等奴才一時耳目難周惟恐家人書役或有需索浮費之事屢經嚴飭各口毋得稍有勒索事端一經訪查立即盡法處治現在嚴密稽查各口人役尚知畏法並無此項弊竇奴才仰蒙聖恩畀以海疆榷務重任惟有實心體察秉公辦理一切税口固不敢任其偷放亦不敢稍事苛求以冀仰副我皇上慈惠遠人之至意所有現在查辦情形理合具摺奏

三六五　粵海關監督穆騰額奏折

查辦關務并各行洋商與夷人公平交易(乾隆四十九年七月十九日)

聞伏乞

皇上睿鑒謹

奏

好知道了

乾隆四十九年七月　十九　日

三六六　湖廣總督特成額奉上諭
速將傳教西洋人羅瑪當家解京并緝拿伴送人等歸案事（乾隆四十九年八月二十四日）

協辦大學士尚書和　字寄
湖廣總督特　調任湖南巡撫李　閩浙總督富　福
建巡撫雅　廣東巡撫孫　乾隆四十九年八月二十
四日奉
上諭據李綬奏拏獲素奉天主教之劉振宇究出窩留伴送
西洋人劉繪川又據劉繪川供出伴送人劉盛傳劉十七
並究出蔡伯多祿即蔡鳴皋係福建人住在廣東省城
第五鋪其由廣東送至湘潭之人係謝隆茂張永信二人
謝隆茂是廣東人已回廣東張永信是湖北鄖陽人現回
鄖陽劉盛傳已往漢口尋生意除將現獲之劉振宇劉繪
川劉十七解赴湖北聽督臣審擬並飛咨廣東湖北督撫
查拏蔡伯多祿各犯等語前因特成額奏拏獲西洋四人
查出書信係西洋人羅瑪當家所發業經有旨諭令孫士
毅即傳羅瑪當家至省面加傳諭著再傳諭該撫於羅瑪
當家到省時即遵前旨詳細曉諭以西洋人至京行藝原

三六六 湖廣總督特成額奉上諭

速將傳教西洋人羅瑪當家解京并緝拿伴送人等歸案事(乾隆四十九年八月二十四日)

所不禁但向来伊等進京必須報明地方官代為具奏始行允准豈有私自遣人潛赴各省送信傳教之理若按内地之例核辦即應問擬發遣新疆念爾等係西洋人素来尚知守法是以此次格外矜原不加治罪但爾等如此違禁傳教寔屬不合復蒙寬宥應如何感激即令其自行議罪具奏其蔡伯多禄一犯住居廣東謝隆茂亦訊明已回粵省著孫士毅即速嚴拏審辦但蔡伯多禄原籍福建或該犯此時潛回閩省及其在閩家屬有私奉天主經教之事亦未可定並著富勒渾雅德一體飭屬查拏歸案辦理所有張永信劉盛傳二犯係代為送信之人既據劉十七等供稱在鄖陽漢口等處著特成額即飭屬速拏務獲勿任兔脱至特成額前奏拏獲之西洋人四名訊取確供後著即派妥幹員弁護解来京交軍機大臣會同刑部審明辦理將此由五百里各傳諭知之欽此遵

旨寄信前来

三六七　廣東巡撫孫士毅奏折

傳西洋人多羅及商人潘文岩宣揚天朝禁教法令(乾隆四十九年九月十三日)

廣東巡撫臣孫士毅跪

奏為欽奉

諭旨恭摺

奏覆事。乾隆四十九年九月初十日酉刻承准協

辦大學士和珅字寄八月二十四日奉

上諭：據李綬奏拿獲素奉天主教之劉振宇,究出窩

留伴送西洋人劉繪川,又據劉繪川供出伴送人

劉盛傳、劉十七,並究出蔡伯多禄,即蔡鳴᧸,係福

建人,住在廣東省城第五鋪,其由廣東送至湘潭

之人係謝隆茂張永信二人謝隆茂是廣東人已
回廣東張永信是湖北鄖陽人現回鄖陽劉臧傳
已往漢口尋生意除將現獲之劉振宇劉繪川劉
十七解赴湖北聽督臣審擬並飛咨廣東湖北督
撫查拿蔡伯多禄各犯等語前因特成額奏拿獲
西洋四人查出書信係西洋人羅瑪當家所發業
經有旨諭令孫士毅即傳羅瑪當家至省面加飭
諭著再傳諭該撫於羅瑪當家到省時即遵前旨
詳細曉諭以西洋人至京行藝原所不禁但向來

三六七　廣東巡撫孫士毅奏折

傳西洋人多羅及商人潘文岩宣揚天朝禁教法令（乾隆四十九年九月十三日）

伊等進京必須報明地方官代為具奏始行允准
豈有私自遣人潛赴各省送信傳教之理若按内
地之例核辦即應問擬發遣新疆今念爾等係西
洋人素來尚知守法是以此次格外矜原不加治
罪但爾等如此違禁傳教實屬不合復蒙寬宥應
如何感激即令其自行議罪具奏其蔡伯多禄一
犯住居廣東謝隆茂亦訊明已回粤省着孫士毅
即速嚴拿審辦但蔡伯多禄原籍福建或該犯此
時潛回閩省及其在閩家屬有私奉天主經教之

事亦未可定並着富勒渾雅德一體飭屬查拿歸
案辦理所有張永信劉盛傳二犯係代爲送信之
人既據劉十七等供稱在鄖陽漢口等處著特成
額即飭屬速拿務獲勿任免脱至特成額前奏拿
獲之西洋人四名訊取確供後著即派妥幹員弁
護解來京交軍機大臣會同刑部審明辦理將此
由五百里各傳諭知之欽此遵
旨寄信到臣伏查本案前奉
諭旨適已拿獲私送西洋人四名由粵赴楚之謝伯

三六七 廣東巡撫孫士毅奏折 傳西洋人多羅及商人潘文岩宣揚天朝禁教法令(乾隆四十九年九月十三日)

多祿到案訊據供認西安人秦焦二姓囑託蔡伯多祿延訪西洋人赴彼傳教該犯與在逃之謝祿茂代為送至湖廣湘潭劉繪川家屬實并訪有新到廣東省城之陝西客商曾學孔訊以彼處情形據稱秦焦二姓實有其人秦名其龍焦名振綱另有杜于才三人新修西安天主堂果有欲請西洋人前往住持傳教之事臣當令開出各犯年貌籍貫飛咨陝甘山西等省嚴密查拏並將謝伯多祿及跟隨羅瑪當家目擊西

三六七　廣東巡撫孫士毅奏折

傳西洋人多羅及商人潘文岩宣揚天朝禁教法令(乾隆四十九年九月十三日)

洋人改裝前去之蔡亞望委員解赴湖廣督臣
衙門收審其未獲之蔡伯多禄恐其竄匿澳門
飭委署臬司覺羅明善親往查拿如果實有在
澳踪跡傳齊夷目大班人等明白曉諭令其交
出該署司現未回省臣已於九月初九日將查
辦緣由録供由驛奏
聞在案竊思西洋人來廣貿易寓居商人十三行内
該商分應稽查約束豈容内地奸民與之交接
此人可惡甚矣
乃蔡伯多禄擅行出入招引該商等置之不見

三六七　廣東巡撫孫士毅奏折　傳西洋人多羅及商人潘文岩宣揚天朝禁教法令(乾隆四十九年九月十三日)

不聞一任改裝越境咎實難辭臣欽奉
諭旨遵即傳喚商人帶領哆囉即羅瑪當家同至臣
署曉以
天朝法令復宣揚
皇上恩德該哆囉觳觫跪聆叩頭認罪商人潘文巖
等在旁目擊亦十分惶悚自稱防範不嚴願求
一體議罪以冀稍贖前愆臣現在另行會摺具
奏至臣與督臣舒常身任地方一任西洋人由粤
赴楚漫無覺察咎無可逭相應請

三六七　廣東巡撫孫士毅奏折

傳西洋人多羅及商人潘文岩宣揚天朝禁教法令(乾隆四十九年九月十三日)

旨交部嚴加議處所有沿途失察暨兩司道府職名
容俟查明一并嚴參仍俟獲到蔡伯多禄并謝
禄茂訊取確供即委員押解歸案審辦再行馳
奏外所有欽奉
諭旨緣由合先恭摺由驛
奏覆伏乞
皇上睿鑒謹
奏
知道了
乾隆四十九年九月　十三　日

三六八　廣東巡撫孫士毅奏折

西洋人湯士選等情願進京效力
(乾隆四十九年九月十六日)

孫士毅
西洋人湯士選赤系

奏

六〇〇第一九 不六

十月二十一日

廣東巡撫臣孫士毅跪

奏爲奏

聞事恭照乾隆四十七年欽奉

上諭西洋人在京者漸少着再傳諭巴延三令其留心體察

有該處人來粵即行訪問奏聞送京等因欽此欽遵在案

據廣東布政使陳用敷詳據廣州府海防同知多慶

稱有西洋人湯士選年三十二歲諳曉天文随帶門人

三六八　廣東巡撫孫士毅奏折
西洋人湯士選等情願進京效力
（乾隆四十九年九月十六日）

思永年二十三歲亦諳曉天文一名戴国恩年一
曉繪畫該国令伊等赴京効力遣送来廣并援
自備土物懇請代
奏呈進等情第查乾隆三十一年經前任督臣楊廷璋
奏准部覆嗣後西洋人来廣遇有願進土物及習天文醫
丹青擅長等技赴京効力者在澳门則令呈明海防同
在省則令呈明南海縣隨時詳報總督衙门代為具
奏護送進京等因今湯士選語曉天文隨帶门徒刘思永戴国恩
曉天文繪畫情願進京効力并自備土物進
呈與例相符臣隨令其恭齎各土物親至臣署當面檢點以
回攜帶委員伴送赴京臣暫兼督篆理合恭摺奏

三六八　廣東巡撫孫士毅奏折

西洋人湯士選等情願進京效力
（乾隆四十九年九月十六日）

聞並繕土物清单敬呈
御覽伏乞
皇上睿鑒謹
奏
乾隆四十九年十月廿二日奉
、、、、、欽此
九月十六日

三六九 内閣奉上諭

洋商潘文岩為西洋人住宿洋行來往溝通失於防範著準自願認罰(乾隆四十九年十月初二日)

乾隆四十九年十月初二日内閣奉

上諭孫士毅等奏據洋商潘文巖等禀稱於哆囉啰瑪當家住宿行中失於防範任由蔡伯多禄來往勾通致有代送洋人越境之事非尋常玩忽可比情願罰銀十二萬兩備充公用等語著照所請准其認罰所有銀兩即著孫士毅於廣東藩庫内墊項支解河南漫工充用分限四年令該商等繳還歸款孫士毅俱著交部嚴加議處所有沿途失察之司道府等官並著查明一併參奏該部知道摺併發

欽此

三七〇 廣東巡撫孫士毅奉上諭

多羅私遣洋人前往西安著勿令管理西洋往來書信并務獲蔡伯多祿解京審辦(乾隆四十九年十月初二日)

協辦大學士尚書和 字寄

廣東巡撫孫 乾隆四十九年十月初二日奉

上諭據孫士毅等奏洋商潘文巖等於不能防範哆囉瑪當家任由蔡伯多祿來往勾通情愿罰銀十二萬兩等語已准其認罰並令將此項銀兩解交河南漫工充用矣但羅瑪當家聽信內地民人遣洋人前往殊干例禁前因其究係微末洋人不加治罪今既不令議罰所有番舶往來書信自不應仍令管理至蔡伯多祿延請西洋人由楚赴陝係此案要犯何以至今未獲該犯素與夷人熟識見緝拏緊急自必仍逃往廣東或竟在澳門藏匿著傳諭孫士毅即飭屬嚴密設法踩緝務獲解京審辦毋得日久跌懈致令遠颺將此由五百里傳諭知之欽此遵

旨寄信前來

三七一　署理閩浙總督雅德奏折

遵例查禁絲斤出洋（乾隆四十九年十一月初二日）

署閩浙總督福建巡撫臣雅德跪

奏為遵例具

奏事竊照案准部咨絲觔私出外洋令各省督撫

嚴行查禁並於年底將有無拏獲奸商私販出

洋之案專摺奏

聞又准户部咨開綢緞綿絹等物一體嚴禁出洋嗣

於乾隆二十九年又准部咨海洋内外商船每

年許配土絲一千觔二蠶粗絲一千觔俟三年

後内地不致絲少價昂再請酌增觔數各等因

轉行遵照在案茲據福建布政使徐嗣曾按察

使譚尚忠查明乾隆四十九年分沿海之福州

泉州漳州興化福寧臺灣等府屬出口船隻經

三七一　署理閩浙總督雅德奏折
遵例查禁絲斤出洋(乾隆四十九年十一月初二日)

各汛口文武員弁嚴密稽查所帶土絲二蠶粗
絲均照部定觔數配帶並無奸商私販頭蠶絲
觔及綢緞綿絹等物夾帶出洋情事會詳請
奏前來臣覆查無異理合恭摺具
奏伏祈
皇上睿鑒再福建巡撫係臣本任毋庸會銜合併陳
明謹
奏
乾隆四十九年十一月　初二　日

三七二　兩廣總督舒常奉上諭著孫士毅不必進京入千叟宴回粵查辦西洋人傳教事(乾隆四十九年十一月十一日)

協辦大學士尚書和　字寄

兩廣總督舒　廣東巡撫孫　傳諭粵海關監督穆騰

額　乾隆四十九年十一月十一日奉

上諭據孫士毅奏西洋人書信往來既有行商經手即可隨時寄交無庸另設專管西洋人久住省城以致滋生事端等語西洋人在粵貿易及進京行藝向所不禁其在省城居住由來已久但當嚴密稽查勿使內地民人與之往來勾結若因此次查辦即不准西洋人居住省城豈非轉示以疑怯殊失撫馭外夷之道況澳門距省不遠西洋人在省與在澳門有何分別現據畢沅奏查有呢瑪方濟各在渭南潛住並據供有西洋人十名往直隸山西各省傳教此等西洋人皆由廣東私赴各省可見該省地方官平日

三七二　兩廣總督舒常奉上諭
著孫士毅不必進京入千叟宴回粵查辦西洋人傳教事（乾隆四十九年十一月十一日）

亦無稽察乃該撫徒欲禁止西洋人在省居住豈知其是
否滋事全不在此也又據奏咦咭唎國嘧嚦船因送洋船
出口在船跟放砲轟傷內地民船水手吳亞科王運發身
死隨派員將該國大班吐哦鎖拏進城據供出砲手嘧哋
嘩係無心斃命可否發還該國自行懲治等語所辦甚屬
錯謬尋常鬥毆斃命案犯尚應擬抵此案嘧哋嘩放砲致
斃二命況現在正當查辦西洋人傳教之時尤當法在必
懲示以嚴肅且該國大班吐哦未必果係委員鎖拏進城
嘧哋嘩亦未必果係應抵正兇既據吐哦供出即應傳集
該國人眾將該犯勒斃正法俾共知懲儆何得仍請發還
該國試思發還後該國辦與不辦孫士毅何由而知乎孫
士毅於本年封篆以前應來京預備入千叟宴此時諒已

三七二　兩廣總督舒常奉上諭著孫士毅不必進京入千叟宴回粵查辦西洋人傳教事(乾隆四十九年十一月十一日)

起程今粵省現有此案正關緊要舒常病軀係弱恐精神照料不周或致辦理未協別生事端更屬不成事體著傳諭孫士毅不拘行至何處接奉此旨即馳驛兼程回粵此事該撫辦理錯誤不准其來京入宴正所以示罰仍著傳旨申飭至穆騰額奏毋庸添設洋人在省常住一摺與孫士毅所奏相同穆騰額係粵關監督稅課是其專司所有此案查辦一切原屬責成督撫朕斷不問及穆騰額該監督惟當以徵收稅課約束胥役為事此案伊竟可無庸管理而舒常又係病軀現在查辦西洋人彈壓搜緝專交孫士毅一人妥辦以蓋前愆若致稍有疎虞未當朕必加倍將伊治罪恐孫士毅不能當其咎也將此由六百里各傳諭知之欽此遵

三七二　兩廣總督舒常奉上諭著孫士毅不必進京入千叟宴回粵查辦西洋人傳教事(乾隆四十九年十一月十一日)

旨寄信前來

三七三　廣東巡撫孫士毅奏折

起解洋商認罰銀兩并遵旨革退多羅

（乾隆四十九年十一月十一日）

臣孫士毅跪

奏洋行商人認罰銀十二萬兩奉

旨解赴河南漫工充用現據該商等備齊水腳價

請撥款墊解臣飭令藩司陳用敷即日兌收

委員押解起程再查哆囉管理洋人寄信事

諭現臣遵

旨革退押交澳門回伊本國臣思內地民人傳習天主

皆由夷人常住洋行與附近民人往來熟習致

啓向引誘端查定例西洋人遞寄鄉信在廣

者呈報海防同知及南海縣查明將原封交與

總通事至京城送欽天監轉付本人其在京洋人

令其將所寄書信交與提塘遞廣省由同知

三七三　廣東巡撫孫士毅奏折

起解洋商認罰銀兩并遵旨革退多羅（乾隆四十九年十一月十一日）

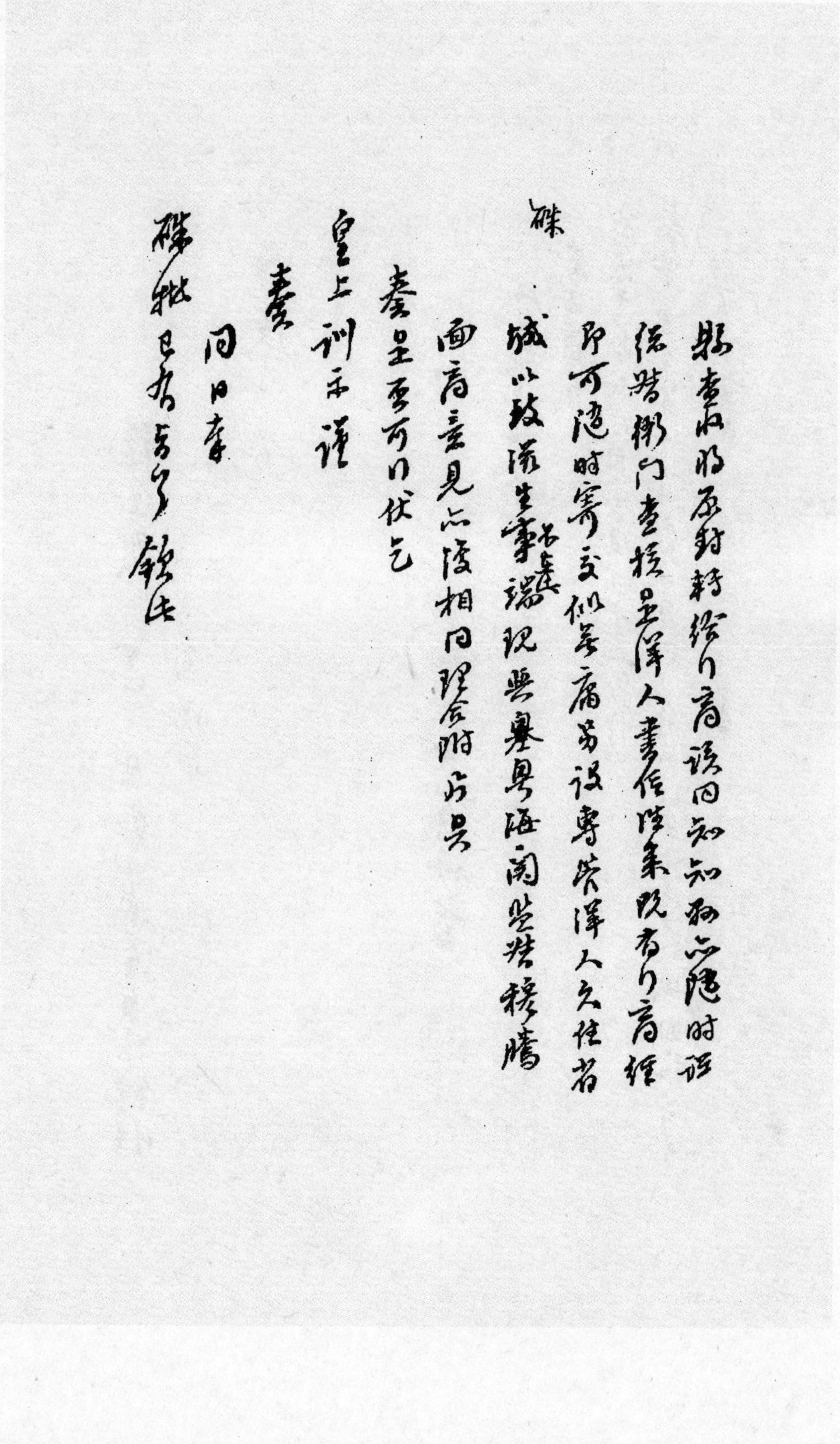
驗查收將原封轉給行商該同知知縣亦隨時訪
稽察衙門查核是洋人書信往來既有行商經
即可隨時寄交似無庸另設專管洋人之信者
誠以致滋生事端現與署粵海關監督穆騰
面商意見亦復相同理合附片具
硃
奏呈覆可否伏乞
皇上訓示謹
奏
同日奉
硃批另有旨欽此

三七四　廣東巡撫孫士毅奏折

馳回粵東查辦西洋人傳教及英船傷人之事(乾隆四十九年十一月十九日)

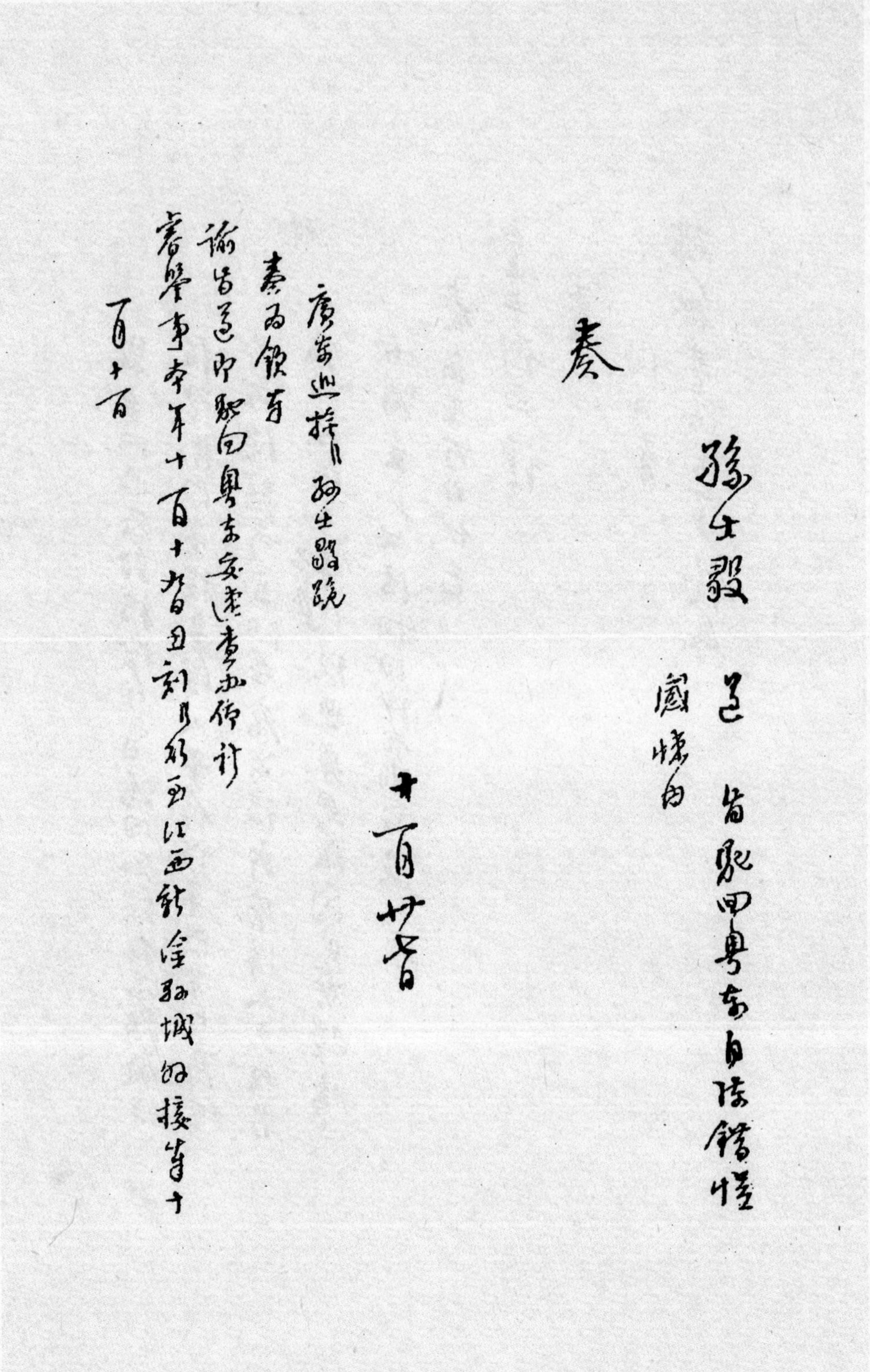
孫士毅 遵旨馳回粵東自陳錯悞
感悚由
奏
十月廿日
廣東巡撫臣孫士毅跪
奏為欽奉
諭旨馳回粵東安遠查辦仰祈
睿鑒事本年十月十七日丑刻行至江西鉛山縣城接奉十
月十日

三七四　廣東巡撫孫士毅奏折

馳回粵東查辦西洋人傳教及英船傷人之事(乾隆四十九年十一月十九日)

上諭據孫士毅奏西洋人書信往來著傳諭孫士毅不拘行至何省接
奉此旨即馳驛回粵欽此 云云 臣跪讀之下惶悚戰慄不能自已查
西洋人在粵貿易及進京效藝向例原所不禁今臣因此深慮
地民人與之勾結延引即不管理書信之洋人常住省城寓
居館譯自應飭令歸澳門去理妥擇誠實洋人未有常住省理
往來書信始遞
諭旨與回辦理至暎咭唎國嗒喳船因送洋船出口放砲傷人一案
欽奉
諭旨現查無西洋人傳教之事明尤當即嚴飭傳集該國人眾將
該犯勒繳究辦何得因之忘震命諭
旨著急遠該國只辦理種種殊誤實屬罪無可逭仰蒙
皇上恩施逾格不即嚴行治罪僅傳
旨申飭不准赴京之

三七四　廣東巡撫孫士毅奏折

馳回粵東查辦西洋人傳教及英船傷人之事(乾隆四十九年十一月十九日)

宴後即兼程回粵妥辦以贖前愆臣謹
恩綸惟候戚途一面即於新途取由驛覆
奏一面馳回粵東傳孫永清悉心無理務將發遣富有自蹈重
罪將何以上報
恩施查該國大班吐嘰寓係臣派出中軍參將王林與紫洞營遊擊韓朝
報會同署廣州府知府張道源等前赴十三行將吐嘰鎖帶
進城該國大班照名具稟并親赴臣轅訴辯放吐嘰
情願承出焼手鎗據將哆囉嘩承出解省臣恐該犯在監
或有自戕情事將哆囉嘩隨身搜檢有一千元當即搜出
洋字一封令洋商傳通事人等譯出係該船頭目寄信吐嘰
據稱哆囉嘩係屬若第人救施製命之事早年心現已承出親
吐嘰稍助哆囉嘩盤費保得復用等語其原信現在粵東

三七四 廣東巡撫孫士毅奏折

馳回粵東查辦西洋人傳教及英船傷人之事(乾隆四十九年十一月十九日)

可據是明晰曉諭得蒙恩命臣先仰來將前因無理此案
原錯誤無有稍存掩飾寬縱是有人心所有感激
聖恩自愧自恨無已即於途次迅速回粵查辦緣由謹用封
傳知印務由驛五百里覆
奏伏祈
皇上睿鑒臣無任感悔悚惕之至謹
奏　乾隆四十九年十一月十九日奉
硃批一切總為之知道責改欽此

十一月廿九日

三七五 兩廣總督舒常奉上諭

著從速拿獲潛赴各省傳教西洋人嚴禁神甫名稱(乾隆四十九年十一月二十日)

協辦大學士尚書和　字寄

兩廣總督舒　直隸總督劉　湖廣總督特

廣東巡撫孫　山西巡撫農　山東巡撫明

湖南巡撫陸　陝西巡撫畢　乾隆四十九年十一月

二十日奉

上諭前因湖南省盤獲西洋人吧地哩啖等潛赴内地傳教並據畢沅奏拿獲西洋人呢嗎方濟各等供出羅瑪當家派神甫十人分往山西山東直隸陝西湖廣等省傳教西洋人蔓延數省皆由廣東地方官未能稽察防範所致而各該省又復漫無覺察以致潛匿各該地方前已節次傳諭各督撫嚴密查拏惟據山西陝西二省拏獲安多呢王亞各叱等犯而直隸等省仍未據拏獲一犯著再傳諭劉峩等嚴行飭屬迅速查拏毋得視爲海捕具文致稽弋獲

三七五　兩廣總督舒常奉上諭著從速拿獲潛赴各省傳教西洋人嚴禁神甫名稱(乾隆四十九年十一月二十日)

西洋人傳教惑衆最為風俗人心之害除已獲解京之西洋人吧地哩啖等定案時另降諭旨傳諭該處夷人外現在各省神甫名目尤當嚴禁内地民人有稱神甫者即與受其官職無異本應重治其罪姑念愚民被惑且利其財物伙助審明後應擬發往伊犁給厄魯特為奴該犯等曾受其番銀者其原籍家産並應查抄入官所有接引傳教之人亦應發往伊犁給厄魯特為奴以示懲儆至内地民人因祖父相傳持戒供奉自當勒令悛改即將呈出經卷等項銷燬照例辦理毋庸深究總之此案皆由西洋人赴廣東貿易與内地人民勾結以致潛往各省該省自不能辭疎縱之咎向來西洋人情願進京効力者尚須該省督撫奏明允准後遣員伴送來京原不許其外出滋事何以此次羅瑪當家竟公然分派多人赴各省傳教塞門距省

三七五　兩廣總督舒常奉上諭著從速拿獲潛赴各省傳教西洋人嚴禁神甫名稱（乾隆四十九年十一月二十日）

甚近地方官平日竟如聾瞶毫無覺察定案時自有應得處分倘嗣後仍有西洋人潛出滋事者一經發覺惟該督撫是問即當重治其罪不能復邀寬典也將此由四百里各諭令知之欽此遵

旨寄信前來

三七六　兩廣總督舒常奏折

遵旨將開炮傷斃民命之英國水手正法令夷目派人來省城管理洋人書信(乾隆四十九年十二月十八日)

舒常　　　旨
孫士毅　奏將啲噬嘩正法

奏

附一　摺單一

十二月十八日

兩廣總督臣舒常
廣東巡撫臣孫士毅跪
奏為遵
旨辦理恭摺覆
奏事。竊臣孫士毅於十一月十九日行次江西新淦縣地方欽奉
諭旨，因洋人啲噬嘩放炮斃命一案，照過失殺例詳
旨發還該國，未免錯謬，已即專摺馳回要辦，以蓋前愆

三七六　兩廣總督舒常奏折

遵旨將開炮傷斃民命之英國水手正法令夷目派人來省城管理洋人書信（乾隆四十九年十二月十八日）

許置有滋事之人永永承受
天朝恩德，通事多人備加曉諭，察視衆情狀皆極
感悚，伏地聽命，即之地方官將凶役押到之先悲咽
華於衆環跪之地，經具了一回，當視即時勒整正
法訖，授各國頭目曉務弱後惟有益加小心管束夷
衆，斷不敢再之滋事干犯
天朝，功之等謹謹為譯咿嘩僅呈恭呈
御覽，再辦理保犯之等俚經出城就近彈壓極為安靜，合
并懇明諭有咿咽之嘩業經正法緣由之等謹合同
由驛四百里馳
奏。伏乞
皇上聖鑒。謹
奏。

硃批：
亦何必，足見爾等怯懦，若遇要
外，爾等斷不能處置得宜，奈何

三七六　兩廣總督舒常奏折

遵旨將開炮傷斃民命之英國水手正法令夷目派人來省城管理洋人書信(乾隆四十九年十二月十八日)

乾隆四十九年十二月十八日奉

硃批另有旨欽此

臣等再查西洋人書信往來仰蒙

皇上訓示自應仍令管理之洋人專住省城照舊辦理

現令澳門同知及香山縣飭令該國頭目即選擇小

心實心之人來省管理臣等惟有恪遵

諭旨隨時嚴密稽查毋許再有私赴各省傳教之事目前案

咨要西人蔡伯多祿(硃批：空言何益今獲否)粵人謝祿茂係本案要犯臣等

硃

尤當不遺餘力上緊設法嚴緝搜獲以贖前愆謹附

片覆(空)明伏乞

皇上聖鑒謹

奏　同日奉

硃批覽欽此

附件　英船炮手供詞(乾隆四十九年十二月十八日)

供單

據哊咾嘩供我係暎咭唎國人今年三十五歲向在嚕嗛船上充當炮手嚕嗛船在本國裝載貨物來廣貿易灣泊黄埔河面本年十月十二日申刻有嗹國洋船出口我在艙眼放炮送他那時有本船雇募的扁艇船水手們運貨到船邊我因在艙内不曾看見没有叫他躲避以致炮火轟傷扁艇船上水手二人先後身死當日放炮傷人實係是我豈肯代人頂替受罪呢求開

恩

三七七　兩廣總督舒常奏折

通年征收關税總數

（乾隆五十年正月初六日）

奴才舒常
奴才穆騰額跪

奏爲恭報通年征收關税總數仰祈
聖鑒事竊照粤海關應征正襍銀兩例應一年期滿
先將總數
奏明俟查核支銷確數分款造册委員解部仍具
題奏報歷經遵照辦理兹自乾隆四十八年十二
月二十六日起至四十九年正月十六日止計
二十日前監督李質穎任内通關各口共報征

三七七　兩廣總督舒常奏折　通年征收關稅總數
（乾隆五十年正月初六日）

收稅銀二萬二千五百二十七兩有零自正月
十七日起連閏扣至十一月二十五日止奴才
穆騰額任內一年期滿通關各口連前監督移
交共報征收正襍盈餘等銀七十四萬八千一
百二十五兩有零所有各口稅銀俱陸續解至
關庫至洋船出口稅銀准令洋商隨貨交納其
進口稅課照例現飭洋商等上緊代夷人完納
務遵部限滿關後六個月內征齊起解毋許因

循暹惧查乾隆四十六年二月十三日承准户
部劄行奉
旨粵海關經征課税向來原視洋船之多少貨物之
粗細以定盈絀非滸墅等關征收内地貨物者可
比嗣後該部查核粵海關征收課税即以該年之
船隻貨物核實考察毋庸照各關例照上三屆比
較等因欽此欽遵在案又於乾隆四十七年四月
内經户部議准粵海關税銀以乾隆四十一二

三七七　兩廣總督舒常奏折

通年征收關税總數

（乾隆五十年正月初六日）

兩年作為比較亦在案查四十一年計到洋船三十九隻通關各口共收銀五十八萬八千四百七兩九錢零四十二年計到洋船三十三隻通關各口共收銀五十八萬八千四百五十三兩九錢零今乾隆五十年分共到洋船三十五隻通計征收課税共銀七十四萬八千一百二十五兩有零與四十一二兩年比較多收銀十五萬九千六百餘兩查上届四十九年分計到

三七七　兩廣總督舒常奏折
通年征收關税總數
（乾隆五十年正月初六日）

洋船三十六隻共收銀七十九萬七千八百六十一兩有零今與四十九年分比較短收銀四萬九千七百一十餘兩緣所到洋船三十五隻較上年原少一隻又暎咭唎國港脚客船來數較多該船所載多棉花沙藤等物船小貨粗而公司船載來羽緞大青及丁香氷片之屬不及上届十分之五課税未能豐裕再出口貨物以湖絲爲細貨本年絲價稍昂各洋船置絲出口者甚少所載亦多係内地粗貨賦税倒輕是以

三七七　兩廣總督舒常奏折　通年征收關税總數

（乾隆五十年正月初六日）

比較未能如上年之數謹據實陳明除俟核明支銷確數分款造冊觧部查核另行具題奏報外所有乾隆五十年分通關各口征收税銀數目理合恭摺具奏伏乞皇上睿鑒謹奏

知道了

乾隆五十年正月　初六　日

三七八　户部尚書和珅奏折　粤海關短收税銀請監督及管關總督照數賠補(乾隆五十年二月二十二日)

奏

合璧摺　片一　随
查一

太子太保協辦大學士吏部尚書兼管户部尚書事務臣和珅等謹

奏為奏明請

旨事内閣抄出兩廣總督舒常會同粤海關監督穆

騰額奏稱竊照粤海關應徵正雜銀兩例應一

年期滿先將總數奏明俟查核支銷確數分款

三七八　户部尚書和珅奏折

粤海關短收税銀請監督及管關總督照數賠補(乾隆五十年二月二十二日)

造册委員解部仍具題奏報歷經遵照辦理兹自乾隆肆拾捌年拾貳月貳拾陸日起至肆拾玖年正月拾陸日止計貳拾日前監督李質穎任内通關各口共徵收税銀貳萬貳千伍百貳拾柒兩零自正月拾柒日起連閏扣至拾壹月貳拾伍日止臣穆騰額任内一年期滿通關各口連前監督移交共徵收正雜贏餘等銀柒拾肆萬捌千壹百貳拾伍兩零所有各口税銀俱陸續解至關庫至洋船出口税銀准令洋商隨

三七八　户部尚書和珅奏折

粤海關短收税銀請監督及管關總督照數賠補(乾隆五十年二月二十二日)

貨交納其進口税課照例現飭洋商等上緊代
夷人完納務遵部限滿關後陸個月内徵齊起
觧毋許因循遲悞查乾隆肆拾陸年准户部劄
行奉
旨粤海關經徵課税向來原視洋船之多少貨物之
粗細以定盈絀非滸墅等關徵收内地貨物者可
比嗣後該部查核粤海關徵收課税即以該年之
船隻貨物核實考察毋庸照各關例將上三屆比
較欽此欽遵在案又於乾隆肆拾柒年經户部議

三七八　户部尚書和珅奏折

粤海關短收税銀請監督及管關總督照數賠補(乾隆五十年二月二十二日)

准粤海關税銀以乾隆肆拾壹貳兩年作爲比較亦在案查肆拾壹年計到洋船叁拾玖隻通關各口共收銀伍拾捌萬捌千肆百柒兩玖錢零肆拾貳年計到洋船叁拾叁隻通關各口共收銀伍拾捌萬捌千肆百伍拾叁兩玖錢零今乾隆伍拾年分共到洋船叁拾伍隻徵收課税共銀柒拾肆萬捌千壹百貳拾伍兩零與肆拾壹貳兩年比較多收銀拾伍萬玖千陸百餘兩查上屆肆拾玖年分計到洋船叁拾陸隻共收

銀柒拾玖萬柒千捌百陸拾壹兩零今與肆拾
玖年分比較短少銀肆萬玖千柒百餘兩緣所
到洋船叁拾伍隻較上年原少壹隻又嘆咭唎
國港脚客船來數較多該船所載多棉花沙藤
等物船小貨粗而公司船載來羽緞大青及丁
香片氷片之屬不及上居十分之五課税未能
豐裕再出口貨物以湖絲爲細貨本年絲價少
昂各洋船置絲出口者甚少所載亦多係由内

三七八 户部尚書和珅奏折

粤海關短收税銀請監督及管關總督照數賠補(乾隆五十年二月二十二日)

地粗貨賦税倒輕是以比較未能如上年之數
謹據實陳明等因乾隆伍拾年貳月初拾日奉
硃批知道了欽此欽遵於本月拾叁日抄出到部臣
等查得乾隆肆拾伍年拾貳月内臣部於議覆
原任粤海關監督圖明阿奏報肆拾叁年分贏
餘短收案内欽奉
諭旨粤海關經徵税課向來原視洋船之多少貨物
之粗細以定盈絀非滸墅等關徵收内地貨物者
可比嗣後該部查核粤海關徵收課税即以該年

之船隻貨物核實考察毋庸照各關例將上三屆
比較欽此嗣於乾隆肆拾柒捌兩年臣部議覆該
關乾隆肆拾肆伍陸柒等年徵收羸餘銀兩較
之肆拾壹貳兩年遞行短絀奏准以肆拾貳年
羸餘作爲比較其短少銀兩著落該監督等照
數賠補欽奉
恩旨減半著賠在案又乾隆肆拾玖年分據該關奏
報自肆拾柒年拾貳月貳拾陸日起至肆拾捌
年拾貳月貳拾伍日止一年徵收羸餘銀兩比

三七八　户部尚書和珅奏折

粤海關短收税銀請監督及管關總督照數賠補(乾隆五十年二月二十二日)

三七八　户部尚書和珅奏折　粤海關短收税銀請監督及管關總督照數賠補(乾隆五十年二月二十二日)

較肆拾壹貳兩年俱多收銀貳拾萬玖千肆百
餘兩亦在案今據該督舒常會同監督穆騰額
奏報自乾隆肆拾捌年拾貳月貳拾陸日起連
閏至肆拾玖年拾壹月貳拾伍日止一年共收
税銀柒拾肆萬捌千壹百貳拾伍兩零與肆拾
壹貳兩年比較計多收銀拾伍萬玖千陸百餘
兩與上居肆拾玖年分比較計少銀肆萬玖千
柒百餘兩緣所到洋船叁拾伍隻較上居到關

三七八　户部尚書和珅奏折　粤海關短收税銀請監督及管關總督照數賠補(乾隆五十年二月二十二日)

洋船叁拾陸隻原少壹隻兼之船小貨粗而出
口貨物所載亦多係内地粗貨賦税例輕是以
比較未能如上年之數等語臣等伏查粤海關
該年徵收税課銀兩比較上届短少之處據該
督舒常會同監督穆騰額奏報實因到關洋船
較之上届少到壹隻兼之船小貨粗以致未能
如上年之數但查該年税銀雖與臣部奏准照
肆拾貳年之數比較多銀拾伍萬餘兩而較之
上届尚短銀肆萬玖千餘兩且該關上届到關

三七八　户部尚書和珅奏折

粤海關短收税銀請監督及管關總督照數賠補(乾隆五十年二月二十二日)

洋船叁拾陸隻比之肆拾壹年到關洋船叁拾玖隻計少叁隻而徵收税銀轉較肆拾壹年多至貳拾萬玖千餘兩今本年到關洋船較之上屆僅少壹隻何以遽短至如許之多是該督等所奏洋船少到貨粗以致税課較絀臣部無從得其實據所有本年贏餘較之上屆短少銀兩若不責令賠補誠恐將來藉端短絀於榷政無裨應將前項短少銀肆萬玖千柒百餘兩奏請著落該監督及管關總督各按經徵月日照數

三七八　户部尚書和珅奏折

粤海關短收税銀請監督及管關總督照數賠補(乾隆五十年二月二十二日)

賠補以重

國課是否有當伏候

訓示遵行爲此謹

奏

乾隆伍拾年貳月　貳拾貳

日太子太保協辦大學士吏部尚書兼管户部尚書事務臣和珅

太子少傅協辦大學士户部尚書臣梁國治

户部左侍郎臣福長安

户部左侍郎臣董誥

户部右侍郎臣諾穆親

户部右侍郎臣曹文埴

三七八　户部尚書和珅奏折

粵海關短收稅銀請監督及管關總督照數賠補(乾隆五十年二月二十二日)

乾隆五十年二月二十二日奉
旨粵海關短收贏餘銀兩本應著落經徵各員照
分賠但念上年洋船到關較少以致稅課短
絀較之四十四五等年已多收銀十餘萬至九
不等所有此次短少贏餘銀四萬九千餘兩
係到船隻所限　著加恩　免其賠補欽此

三七九　户部尚書和珅奏折
粤海關短收銀兩可否免其賠補
（乾隆五十年二月二十二日）

粤海關徵收税課銀兩乾隆肆拾肆年比之肆拾貳年少收銀叁萬貳千貳百餘兩肆拾伍年比之肆拾貳年少收銀陸千陸百餘兩肆拾陸年比之肆拾貳年少收銀叁萬玖千伍百餘兩肆拾柒年比之肆拾貳年少收銀陸萬柒千叁百餘兩均蒙

恩旨減半賠補今該督等奏報自乾隆肆拾捌年拾貳月貳拾陸日起連閏至肆拾玖年拾壹月貳拾伍日止壹年徵收税課比之上届短少銀肆

三七九　户部尚書和珅奏折

粤海關短收銀兩可否免其賠補
(乾隆五十年二月二十二日)

萬玖千餘兩而較之肆拾肆伍陸柒等年多收銀自玖萬餘兩至拾壹貳萬及拾伍萬餘兩不等可否仍照上居之例令其減半分賠之處伏

候

欽定理合夾片聲明

三八〇　河南巡撫畢沅奏折

報收到廣東墊解洋商罰銀
（乾隆五十年四月十七日）

畢沅　收到洋商潘文巖銀
數
奏　交戶工部
四月廿二日

河南巡撫臣畢沅跪
奏為
奏報事竊照前接准伍拉納移准部咨乾隆四十九年十月初二日
奉
上諭穆騰額等奏據洋商潘文巖等呈稱於哆囉羅馬當家住
寓行中寄信託伊寄伯多祿來往勾通致有偷送洋人赴
陝之事非尋常玩忽可比情殊罰銀十二萬兩備充軍需語著照

三八〇 河南巡撫畢沅奏折

報收到廣東墊解洋商罰銀

(乾隆五十年四月十七日)

所請將其議罰所有銀兩即著分十款於廣東藩庫內墊項先解

河南豫工充用，予限四年，令該商等繳還，此款著在各省攤帶

欽此。准江蘭詳稱：接廣東委員饒豫於乾隆五十年正月二十三日

領解頭起銀四萬兩，又委員欣崇楷於正月二十六日領解二起銀

四萬兩，又委員曹衛於二月初三日領解三起銀四萬兩，均經照

數彈兌收貯，先後共收過十二萬兩等情前來，臣覆查無異。

除飭遵

諭旨留備豫工充用，并咨明戶部外，所有收到廣東墊解洋商潘

文巖等銀數緣由，理合恭摺具

奏伏祈

皇上睿鑒。謹

奏。

硃批覽欽此

乾隆五十年四月二十三日

四月廿七

三八〇　河南巡撫畢沅奏折

報收到廣東墊解洋商罰銀

(乾隆五十年四月十七日)

三八一　粵海關監督穆騰額奏折

報解粵海關關税盈餘銀兩
(乾隆五十年六月初一日)

奴才穆騰額跪

奏爲報解關税盈餘銀兩事。竊照粵海關每年征收正雜銀兩,例應具摺

奏報。兹奴才會同暫署兩廣總督臣孫士毅查前監督李質穎管關任内自乾隆四十八年十二月二十六日起至四十九年正月十六日止,共收銀二萬二千五百二十七兩三錢九分七釐。又奴才穆騰額任内自四十九年正月十七日起,連閏扣至十一月二十五日止,共收銀七十

二萬五千五百九十八兩三錢二分二釐二共
一年期内通共收銀七十四萬八千一百二十
五兩七錢一分九釐内商税船鈔正項銀四十
一萬四千八百四兩六錢六分五釐内支出正
税銀四萬兩銅斤水脚銀三千五百六十四兩
照例移交布政司庫取有庫收送部查核在案
又耗担分規雜羡盈餘銀三十三萬三千三百
二十一兩五分四釐内支出採辦
貢品通關經費養廉工食以及鎔銷折耗等銀七

三八一 粤海關監督穆騰額奏折

報解粤海關關稅盈餘銀兩
(乾隆五十年六月初一日)

萬一千三十七兩二錢二分七釐又支出解交
造辦處裁存銀二萬五千兩又支出節存水脚
解部飯食銀三萬七千九百五十一兩六錢八
分五釐尚存正項盈餘銀三十七萬一千二百
四十兩六錢六分五釐雜項盈餘銀一十九萬
九千三百三十二兩一錢四分二釐又節存水
脚銀二萬一千三百三十二兩一錢七釐共存
解正雜盈餘銀五十九萬一千九百四兩九錢
一分四釐另解節存平餘罰料截曠等銀二千

三八一　粤海關監督穆騰額奏折

報解粤海關關税盈餘銀兩
(乾隆五十年六月初一日)

五百一十六兩一錢八釐查此項節存平餘罰
料截曠等銀現經遵照户部
奏准於奏報盈餘摺内按數剔除入於本案報銷
不歸併盈餘項下合併聲明兹遵例具疏
題報外所有該年分税餉按欵分批委員解部現
於乾隆五十年六月初一日自粤起程謹將收
支税數隨同餉銀恭摺報明伏乞
皇上睿鑒勅部核覆施行謹
奏
該部知道
乾隆五十年六月　初一　日

三八二　兩廣總督富勒渾奏折

請將各商積欠截清定限完繳
（乾隆五十年十二月初三日）

富勒渾　請截清各商積欠定限完繳由

奏　後一不交

文

十二月二十六日

兩廣總督臣富勒渾跪

奏，為請將查明各商積欠截清，仍照原定限內完繳，以

清庫

帑事。竊照粵東[illegible]歷[illegible]省河商欠夷價，經臣仿奏部

[illegible]使許祖[illegible][illegible]使姚[illegible]同其[illegible]使張[illegible]徵應

三八二　兩廣總督富勒渾奏折　請將各商積欠截清定限完繳

（乾隆五十年十二月初三日）

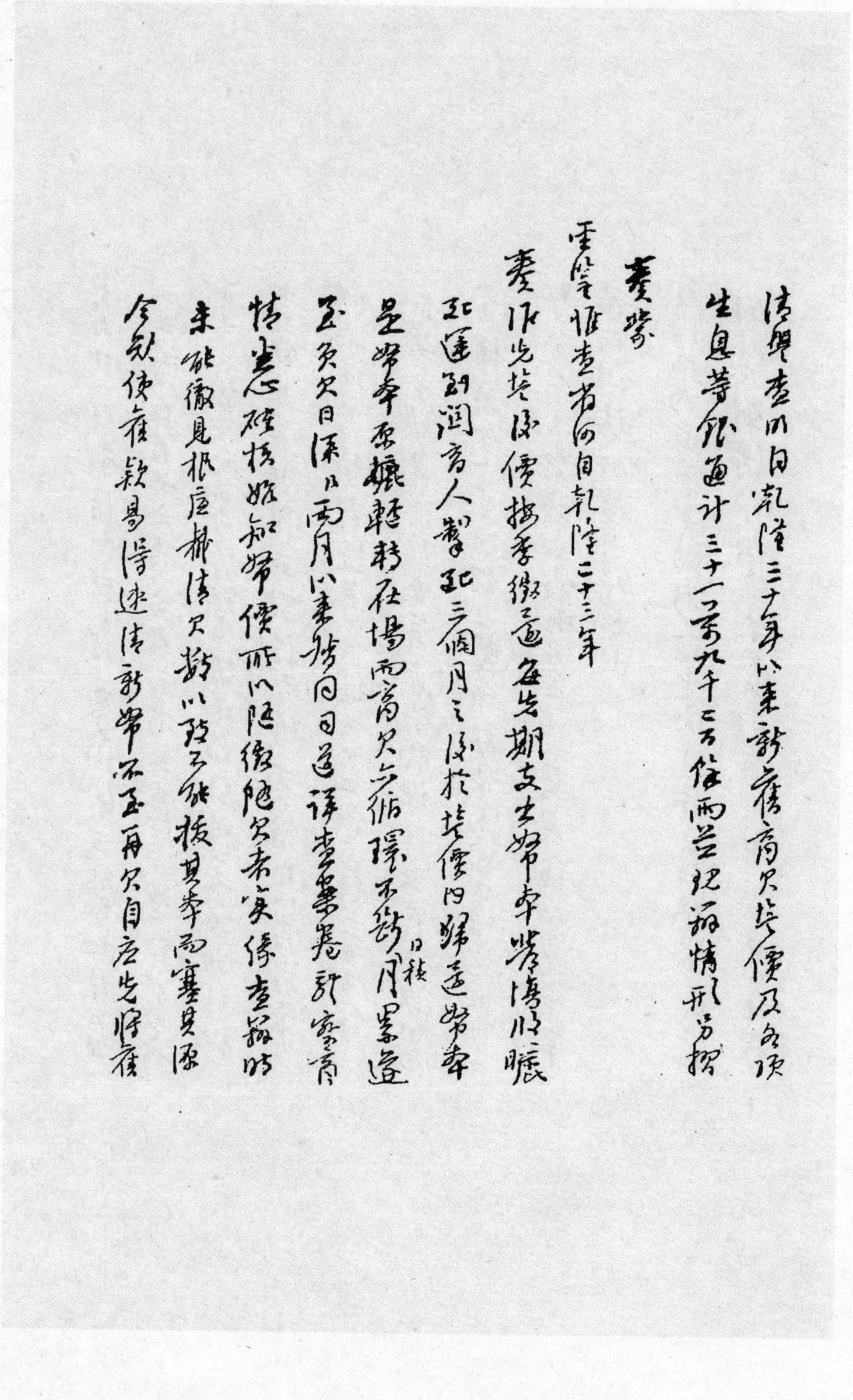

請覆查明自乾隆三十九年以來新舊商欠貨價及各項
生息等銀通計三十一萬九千二百餘兩並現籌情形另摺
奏聞
聖鑒惟查[illegible]向自乾隆二十三年
奏准[illegible]貨價按季繳[illegible]每先期支出帑本[illegible]
[illegible]到關商人[illegible]三個月之後於貨價內歸還帑本
是帑本原藉轉移在場而商欠亦循環不致月累日積
至負欠日深[illegible]兩月以來臣[illegible]日逐詳查[illegible]
情弊雖據[illegible]知帑價所以陸續[illegible]者實係查[illegible]時
未能徹見根底清欠數以致不能拔其本而塞其源
今欲使舊款易得速清新帑不至再欠自應先將舊

三八二　兩廣總督富勒渾奏折

請將各商積欠截清定限完繳
（乾隆五十年十二月初三日）

欠各項一概割清使新舊無可混淆方能永杜侵欠且
現在兩省係同為各商籌畫節省無虞糜費約計每綱
平十餘萬兩又各商現存有未銷引程若果新引擬
年銷足再將積存引程分撥帶銷即以節省帶
銷兩項餘溢之利逐年分償各欠不但無絀並且有餘
似更無難清理除本年應徵餉課係本年月新銷照應
當撥歸全完之項現在嚴催務使完繳不准虛捏外至
現在查明之新舊正雜各欠應請一概截清均自五十一年
為始仍照前請分撥帶
奏准限內每季支納新課之時速催舊欠按限帶交以此
則有司劃清依徵完繳既不難每年清款且約計每

三八二　兩廣總督富勒渾奏折

請將各商積欠截清定限完繳
（乾隆五十年十二月初三日）

年帶徵銀不過十五萬兩在各商亦易為力而通河商衆
運趕輸納自必日見從容如常
恩允該部另將各商欠項按照銀數之多寡酌定限期分季
帶徵之確數逐一核清咨明戶部於新課按季報
部時並將帶徵完銀若干兩
奏報倘再有逾限不清情事惟臣等鹽政之總督暨運
司並道各府州是問庶鹺務可期肅清不致仍前拖欠
是否允協謹恭摺具
奏伏乞
皇上睿鑒訓示謹
奏

三八二 兩廣總督富勒渾奏折 請將各商積欠截清定限完繳（乾隆五十年十二月初三日）

乾隆五十年十二月二十日奉

硃批有旨會該部知道了欽此

十二月初三日

三八三　兩廣總督富勒渾奏折　飭令各商先清官欠(乾隆五十年十二月二十六日)

富勒渾

再查各商官欠之外尚有私債，臣細加訪察，實係積欠既多，不得不借貸完項，而射利之徒藉以重利盤剝，日事索逼，益致有誤官欠。臣現飭各商呈明，出示曉諭，俾停止息銀，俟繳官項歸清後，再行官為清理，分年給還本銀。如有不遵，即比照放官利債之例治罪，俾各商得以併力完繳官項。謹附片

奏

聞。謹

奏。

乾隆五十年十二月二十六日

同日奉

硃批：覽。欽此。

三八四　兩廣總督舒常致軍機處信函　洋商情願無賞採購物品敬獻（乾隆五十年）

謹啟

敬復者十二月十四日接奉
賜函并核減採辦物件清单常等敬已閲悉查
洋商等向来採辦木料玻璃鐘表等物昨據
該商等呈稱仰沐
皇恩開設洋行獲利豐裕感激

天恩未能仰報萬一頗將海關衙門每年發價採辦
官物照常購辦無庸給發價值等情呈請代
奏情詞懇切是以常等業於十一月初六日彙摺
奏
聞此時
中堂大人亦早已備悉原委矣容俟奉到
硃批即照現在開寄之单令其備辦并遵
諭即於五十年為始定於每歲冬間代為

進呈專此敬
復統惟
鈞照謹啓

孫士毅
舒常
穆騰額同拜謹具

三八五　兩廣總督富勒渾奏折

報告通年征收粤海關關税數目
(乾隆五十一年正月初十日)

奴才富勒渾
奴才穆騰額跪

奏爲恭報通年徵收關税仰祈
聖鑒事竊照粤海關應徵正雜銀兩例應一年期滿
先將總數
奏明俟查核支銷確數分欵造冊委員解部仍具
題奏報歷經遵照辦理兹自乾隆四十九年十一
月二十六日起至五十年十一月二十五日止
一年期滿通關各口共報徵收正雜盈餘等銀
八十七萬二千一百五十兩有零所有各口税

三八五　兩廣總督富勒渾奏折

報告通年征收粤海關關税數目
(乾隆五十一年正月初十日)

銀俱陸續解收關庫至洋船出口税銀准令洋
商隨貨交納其進口税課照例現飭洋商等上
緊代夷人完納務遵部限滿關後六個月内徵
齊赴解毋許稽延遲誤查乾隆四十六年二月
十三日承准户部劄行奉
旨粤海關經徵課税向來原視洋船之多少貨物之
粗細以定盈絀非滸墅等關徵收内地貨物者可
比嗣後該部查核粤海關徵收課税即以該年之
船隻貨物核實考察毋庸照各關例照上三届比

三八五　兩廣總督富勒渾奏折
報告通年征收粤海關關税數目
(乾隆五十一年正月初十日)

較等因欽此欽遵在案又於乾隆四十七年四月
内經户部議准粤海關税銀以乾隆四十一二
兩年作爲比較亦在案查四十一年計到洋船
三十九隻通關各口共收銀五十八萬八千四
百七兩九錢零四十二年計到洋船三十三隻
通關各口共收銀五十八萬八千四百五十三
兩九錢零再查上届五十年分共到洋船三十
五隻共收銀七十四萬八千一百二十五兩有
零今五十一年分共到洋船四十六隻又閩省

三八五　兩廣總督富勒渾奏折

報告通年征收粤海關關税數目
(乾隆五十一年正月初十日)

收風入粤本港船共計七隻通計徵收課税共銀八十七萬二千一百五十兩有零合計比較四十一二兩年共多收銀二十八萬三千七百兩與五十年分比較多收銀十二萬四千兩有零除俟核明支銷確數分款造册解部查核另行具題奏報外所有乾隆五十一年分通關各口徵收税銀數目理合具摺恭奏伏乞

三八五、兩廣總督富勒渾奏折

報告通年征收粵海關關稅數目
（乾隆五十一年正月初十日）

皇上睿鑒謹
奏

乙

乾隆五十一年正月初十日

三八六　兩廣總督富勒渾奏折

遵旨停止私令洋行商人代辦宫廷貢物（乾隆五十一年正月十八日）

兩廣總督臣富勒渾跪

奏為欽奉

上諭事竊臣接准

廷寄欽奉

上諭現因粤海關監督穆騰額代洋商呈進例貢已

明降諭旨令其嗣後毋得再行呈進矣粤東洋商

非兩淮可比從前督撫監督因購買物件往往令

該商等為之墊辦致有賠累上年經欽差澈底清

查後將巴延三等分别治罪並特降諭旨令該督

等毋許復行呈進鐘表等物正所以杜藉端派買

之弊現在該商等備進物件亦經降旨停止原為

體恤洋商起見但恐該督撫等因商人停止進貢

三八六　兩廣總督富勒渾奏折

遵旨停止私令洋行商人代辦官廷貢物(乾隆五十一年正月十八日)

仍私令購辦物件致滋擾累尤不可不防其漸着
傳諭富勒渾務須嚴行飭禁留心查察毋得陽奉
陰違再踵前轍至該省向有發價官辦物件之事
並着該督等一併停止採辦其節省價銀逐漸累
積即可留供賑恤之費易無用為有用豈不甚善
將此傳諭知之欽此欽遵寄信到臣跪讀之下仰
見
聖主惠愛商民防微杜漸之至意伏查臣前在閩省
因粵東向有派令洋商買物弊端是以抵任後
將臣衙門並無派令洋行墊買物件之事出示
曉諭並嚴飭司道等亦不得藉端派買如有私
行派買者令行商等據實首報查辦一面移知

三八六　兩廣總督富勒渾奏折　遵旨停止私令洋行商人代辦官廷貢物(乾隆五十一年正月十八日)

撫臣孫士毅監督穆騰額一體飭禁留心體察
現在實無此等弊竇除恭録
諭旨曉諭行商敬謹欽遵外臣惟有凛遵
聖諭益加謹飭實力查禁斷不敢陽奉陰違致蹈前
轍謹恭摺覆
奏伏乞
皇上睿鑒謹
奏
乾隆五十一年正月　十八　日

三八七　兩廣總督富勒渾奏折

查獲吧惟夷船偷漏瑪瑙稅

（乾隆五十一年二月二十四日）

再查吧唯夷船前於黄埔地方偷漏瑪瑙稅課
經臣飭司審究並於查拏洋匪摺内奏蒙
聖鑒兹據臬司姚棻審明係該夷船水手嚤嗯喱在
外洋港脚地面拾有破爛碎小瑪瑙石二百餘
觔原為代砂石壓載之用因來至内地冀圖銷
售獲利經買辦胡高轉覓擺賣雜貨之黎元德
受買被巡丁弋獲該大班與行商實無知情故
縱情事買辦胡高暨黎元德分别首從定擬杖
徒仍於洋船灣泊之黄埔地方先行枷號兩月
示衆滿日定驛發配夷船水手嚤嗯喱交與該

三八七　兩廣總督富勒渾奏折

查獲吧惟夷船偷漏瑪瑙税

（乾隆五十一年二月二十四日）

大班鞭一百以示懲儆至該船所帶瑪瑙石經
臣與監督臣穆騰額調驗實係石質碎小粗糙
不堪雕琢之物除仍飭該商照進口例完税以
肅榷政外理合附片
奏
聞
已

三八八　兩廣總督富勒渾奏折

查明洋船繳送放關銀兩

(乾隆五十一年四月二十三日)

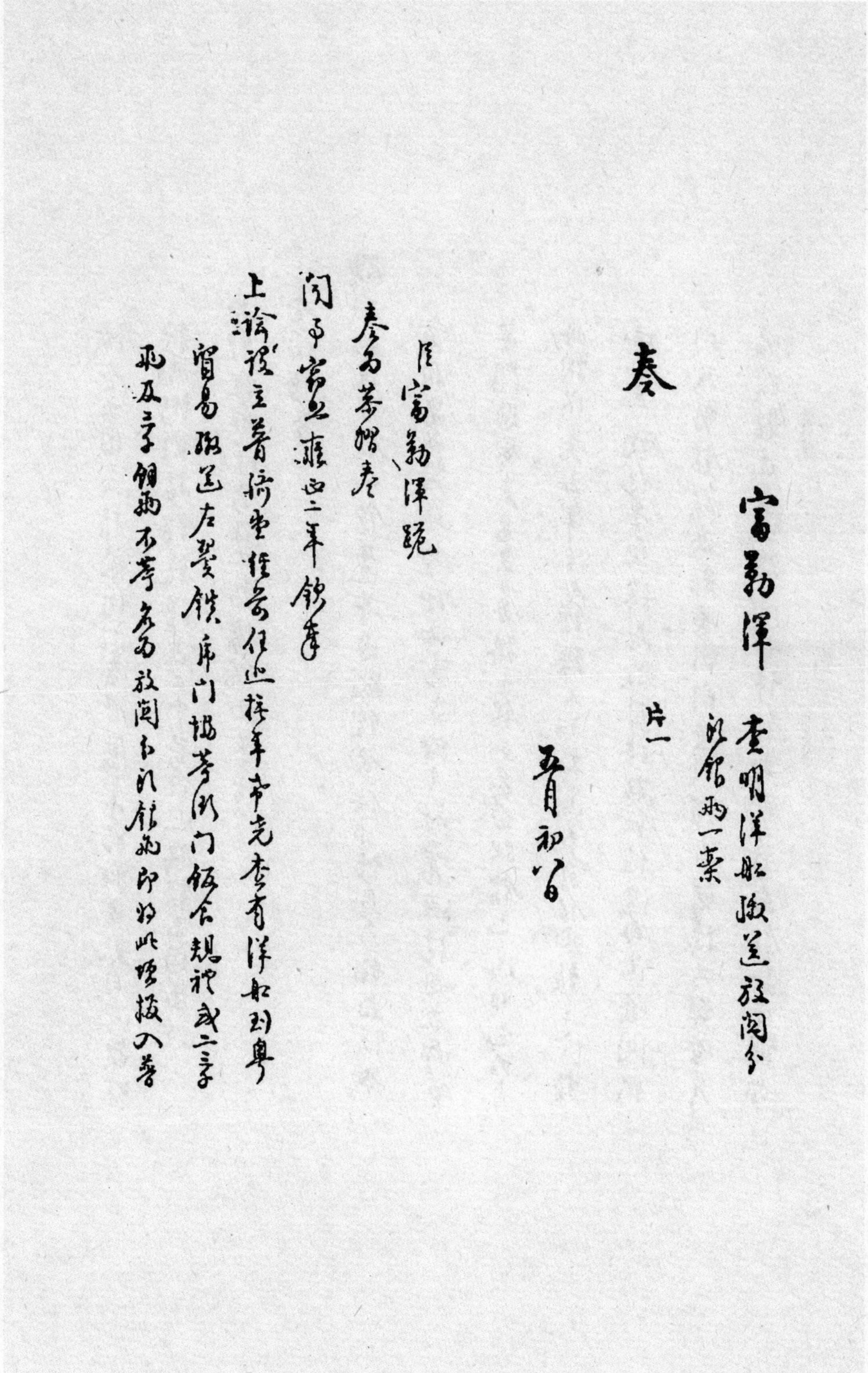

富勒渾　查明洋船繳送放關分頭銀兩一案

片一

五月初四日

奏

臣富勒渾跪

奏為恭摺奏

聞事竊照乾隆四十二年欽奉

上諭據李質穎奏稱從前每年市舶查有洋船到粵

貿易繳送右翼鎮府門協營衙門飯食規禮或二千

兩及三千餘兩不等名為放關分頭銀兩即將此項撥入養

三八八 兩廣總督富勒渾奏折

查明洋船繳送放關銀兩

(乾隆五十一年四月二十三日)

將粵省關承辦各衙門書差歷年所收支數目造報時

據稱衙門規銀乾隆十六年前任巡撫蘇昌因奉諭

奏報從前充為公動撥係內奉撥

奏明欽奉

硃批知道了欽此欽遵等因歷經前撫臣循照辦理該關

實用尚不能節等項西費支給一款業造清冊報部其

等關公費者另立一冊按存歸兩廣報銷已屬非是乃自

此相沿竟至年年加增殊不知稅關所外徵收雖無定額

而每年均係查照洋船數目貨物價值造冊送查關部

門核明銀數承辦各衙門查收稅有一定根不難查考

前據粘連另追蹤造冊詳報到臣臣即將館款項調齊

三八八　兩廣總督富勒渾奏折

查明洋船繳送放關銀兩
（乾隆五十一年四月二十三日）

案卷細加查核自二十四年
奏明後該監督衙門節年送放關平銀二十二萬兩零四百四十
兩零撥入內務府銀二十七萬二千五百七十六兩零撥出動銀
五萬二千九百一兩零現存銀六萬一千九百二十二兩零該督所
銷各款逐件查核內如該督繕辦工食恩賞工資以及造每
貢如縣代辦合等十三項又如採辦快船應修工料銀兩尚係
該督應需之項其餘如兩院書所茶夫修理炮臺大工
役等項實與該監督衙門收支放關平銀兩款
皇上本有隨公原為一大不係要款以廣
皇仁之意設任意支銷除將送放關平銀兩按數歸庫提撥並將
藩臬兩司徹底查明歷任各員有無浮冒捏報據實核

三八八　兩廣總督富勒渾奏折

查明洋船繳送放關銀兩

（乾隆五十一年四月二十三日）

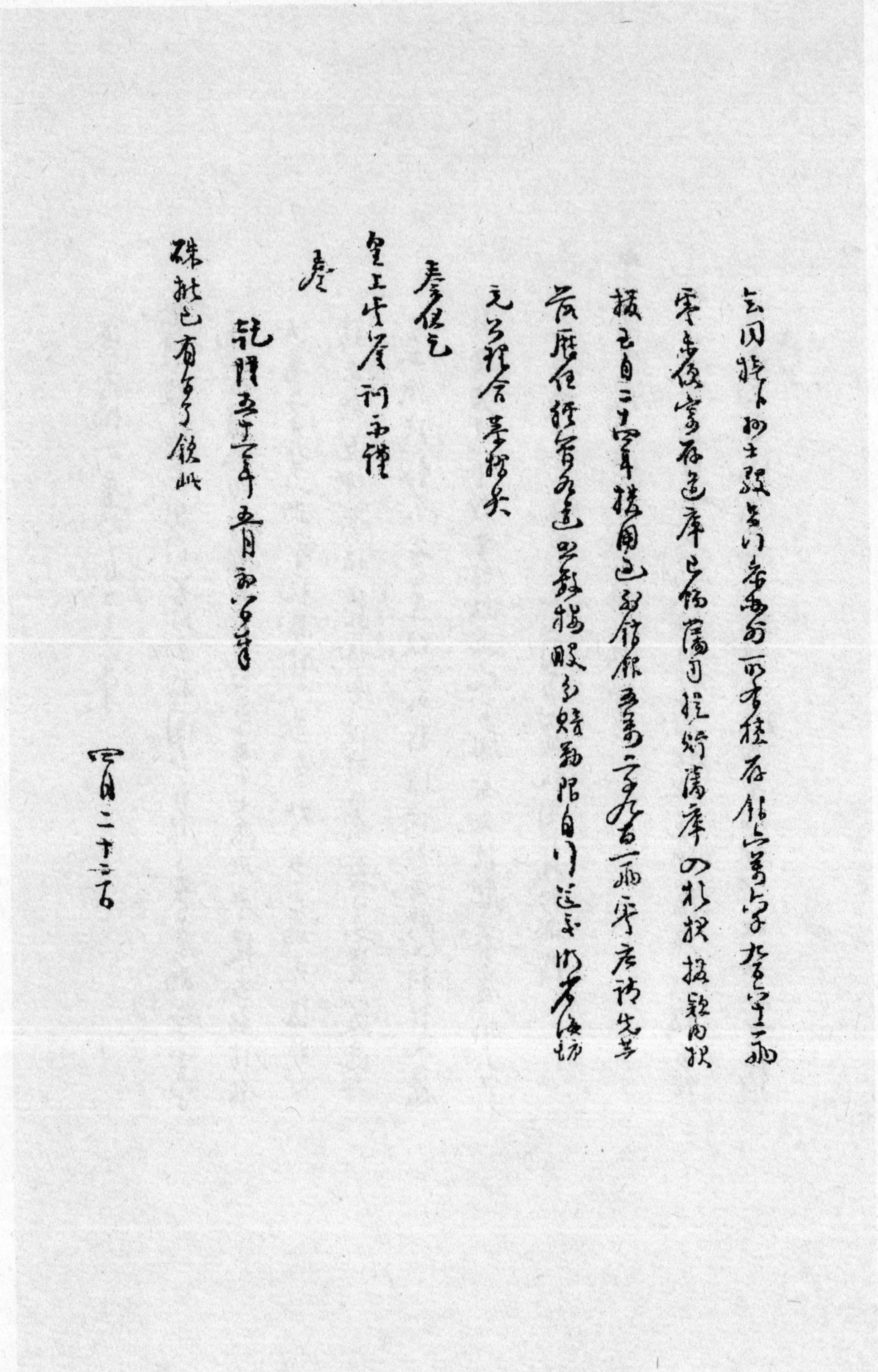

奏伏乞

皇上睿鑒謹

奏

乾隆五十一年五月初二日

硃批：已有旨了。欽此

四月二十三日

三八九 軍機大臣致粵海關監督信函

粵東洋行商人每年自願報效銀兩解貯關庫聖意似以為可(乾隆五十一年四月二十四日)

啓者粵東洋商向来每年備進貢品上年十二月内奉
特旨停止並禁止各衙門向洋商購買物件四月間前督富
大人兼署撫篆時復請捐銀三十萬兩亦蒙
飭旨不允各等因前
貴監督来京道及從前粵海關衙門有支銷辦貢銀五萬五千兩因洋商每年呈進品物即將此項銀兩扣除解庫今既停止伊等進貢該商等報効出於至誠每年愿備銀五萬五千兩解貯關庫如備辦物件即於此項動支若無備辦之件俟存貯數多另行解交等語昨於
台見便中業經據情回奏
聖意似以為可但必須該商等具呈籲請
二位大人會同據情代奏自可仰邀

三八九　軍機大臣致粵海關監督信函

粵東洋行商人每年自願報效銀兩解貯關庫聖意似以為可(乾隆五十一年四月二十四日)

懇准不必提及此番寄信也耑此佈聞並候

近祉不一

二十四日

三九〇　兩廣總督富勒渾奏折

報解粵海關關稅額盈餘銀兩
（乾隆五十一年四月二十七日）

昨交出富勒渾關稅盈餘一摺可交
戶部內務府不必出抄
發抄後即行交還

奴才富勒渾跪
奏為報解關稅盈餘銀兩事竊照粵海關每年徵
收正雜銀兩例應具摺
奏報茲奴才於本年正月二十二日接署關篆查
監督穆騰額管關任內自乾隆四十九年十一
月二十六日起至五十年十一月二十五日止
一年期內共徵收銀八十七萬二千一百五十
兩九錢八釐內商稅船鈔正項銀四十七萬三

三九〇　兩廣總督富勒渾奏折

報解粤海關關稅額盈餘銀兩
(乾隆五十一年四月二十七日)

千六百八十七兩二錢八分内支出正稅銀四
萬兩銅斤水脚銀三千五百六十四兩照例撥
交布政司庫取有庫收送部查核在案又耗擔
歸公雜羨盈餘銀三十九萬八千四百六十三
兩六錢二分八釐内支出通關經費養廉工食
以及鎔銷折耗等銀四萬四千四百二十四兩
三分六釐又支出解交造辦處裁存銀二萬五
千兩又支出留粤辦
貢銀三萬兩查此項銀兩向來歸入經費項下報
銷緣監督穆騰額該年並未承辦
貢品應請支出另款解交造辦處理合聲明又支
出節省水脚解部飯食銀四萬三千七百一十
兩六分五釐尚存正項盈餘銀四十三萬一百

三九〇　兩廣總督富勒渾奏折　報解粵海關關税額盈餘銀兩（乾隆五十一年四月二十七日）

二十三兩二錢八分雜項盈餘銀二十五萬五
千三百二十九兩五錢二分七釐又節存水脚
銀二萬三千六百四十六兩五錢四釐共存解
正雜盈餘銀七十萬九千九十九兩三錢一分
一釐另解節存平餘罰料截曠等銀六千三百
九十四兩一錢二分七釐查此項節存平餘罰
料等銀現經遵照户部
奏准於奏報盈餘摺内按數剔除入於本案報銷
不歸併盈餘項下造報除遵例具疏
題報外所有該年分税餉按款分批委員解部現
擬於乾隆五十一年五月中旬自粵起程另文
隨餉報部謹將收支税數先行恭摺報明再粵

三九〇　兩廣總督富勒渾奏折
報解粤海關關税額盈餘銀兩
(乾隆五十一年四月二十七日)

海關監督係奴才富勒渾兼署合併陳明伏乞
皇上睿鑒勅部核覆施行謹
奏
乾隆五十一年四月二十七日

乾隆五十一年六月初四日奉
旨知道了欽此

三九一　兩廣總督孫士毅奏折

代洋商呈請年繳預備傳辦貢品銀兩
（乾隆五十一年六月初二日）

孫士毅
穆騰額
代洋商等呈
請預備傳辦
貢物銀兩
奏
七月十五日

奴才孫士毅
奴才穆騰額跪
奏為據情籲懇俯賜
恩准事竊本年五月二十九日據洋行商人潘文

三九一　兩廣總督孫士毅奏折

代洋商呈請年繳預備傳辦貢品銀兩
（乾隆五十一年六月初二日）

巖等稟稱商等開設洋行與番舶夷人
貿易仰沐
皇仁俾得獲利養贍身家感戴
聖恩浹髓淪肌前年
欽差尚書福康安奉
旨來粵諮查洋行有無藉辦
貢品派累之事當蒙將從前商眾情願
幫補
貢品價值稟懇奏行飭該商等從此寔無

三九一　兩廣總督孫士毅奏折

代洋商呈請年繳預備傳辦貢品銀兩
（乾隆五十一年六月初二日）

紓宸懸槩感懷
皇仁未由自効因於上年懇代
奏呈進
貢品以伸蟻悃隨奉
特旨駁飭停止四月間商等以寸忱未展復行
具稟籲懇前督憲富勒渾據情代
請捐銀三十萬兩奉到
諭旨又未蒙
允准商等仰荷
聖意體恤至於此極自問每年獲利豐厚皆本
主恩乃盡歸己橐總無寸曝之獻商等具有人

三九一　兩廣總督孫士毅奏折
代洋商呈請年繳預備傳辦貢品銀兩
（乾隆五十一年六月初二日）

心豈能一刻自安伏思海關衙門向例有支
備辦
貢銀五萬五千兩因上年商等呈
進品物即於此項銀兩內如數解京今既仰
邀
聖慈停止呈進
貢品商等一無報効微末蟻忱萬難自已每
年情願備銀五萬五千兩解貯關庫爲預
備
傳辦品物之用爲數有限於商力無損毫末
謹籲懇據情代爲陳

三九一　兩廣總督孫士毅奏折

代洋商呈請年繳預備傳辦貢品銀兩
（乾隆五十一年六月初二日）

奏如蒙
皇上先准商等預繳
天恩生生世世華情奴才等查衆商仰沐
皇上節次加恩同心孝有頹安情殷報效實出至
誠懇切且每年出備用銀五萬五千兩計數又屬
無多是以不敢壅於
上聞謹據情具摺代
奏伏乞
皇上睿鑒謹
奏
乾隆五十一年七月十五日奉

三九一　兩廣總督孫士毅奏折　代洋商呈請年繳預備傳辦貢品銀兩（乾隆五十一年六月初二日）

硃批　知道了　欽此

六月初二日

三九二　廣東巡撫孫士毅奏折

請派員就近兼管關口并請添設庫官
（乾隆五十一年六月二十七日）

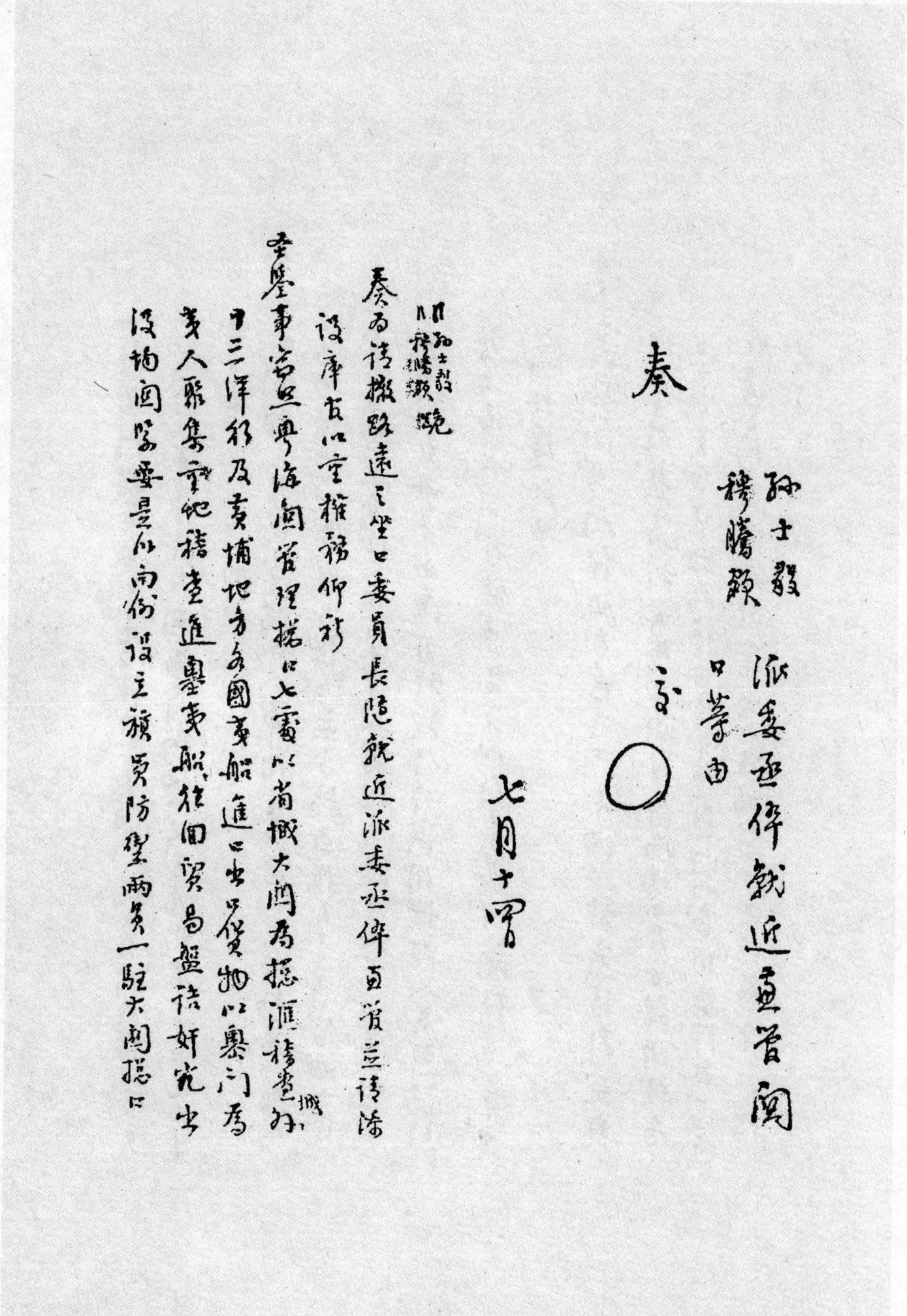

奏

孫士毅
穆騰額　派委丞倅就近兼管關
口等由
奏　〇

七月十四

臣孫士毅
臣穆騰額跪
奏為請撤路遠之口委員長隨就近派委丞倅兼管并請添
設庫官以重稅務仰祈
聖鑒事竊照粵海關管理總口七處以省城大關為總滙稽查城外
十三洋行及黃埔地方各國夷船進口出口貨物以澳門為
夷人聚集之地稽查進澳夷船往回貿易盤詰奸究出
設總口緊要是以向例設立旗員防禦兩員一駐大關總口

三九二　廣東巡撫孫士毅奏折

請派員就近兼管關口并請添設庫官
（乾隆五十一年六月二十七日）

一所粵海門總口每年應請將軍衙門選員前往彈壓其
一切關稅事務於大關粵海門兩總口又分為附省十小口向由監
督及委
皆查關務之監督轉分派家人帶同書役管理此外惠州潮州
高州瓊州及雷廉五總口並分隸五總口之各小口四十餘
處監督亦分派家丁帶同書役分路查察仍每一總口
委員一員每年由藩司于現任及試用佐雜人員內詳請
督臣派委前往稽查俱係向來辦理關務之章程
也臣穆騰額蒙
皇上天恩簡畀關務到粵已及三年細心訪察情形並與
臣孫士毅熟商利弊除大關粵海門兩總口及分隸附近省
之十小口實能約束、經由委員稽查粵門兩處均與洋行逼近
民氣亦澆習尚藏奸一切出入船隻貨物及防範走私短

報多絜有無需家丁驅遣往來不能不委之書役
者監督及奉
旨兼管關務之督撫就近分派平素親隨老成之家丁管
理需人無幾尚易遴選設有營私舞弊情事離
署不遠耳目易周一經訪聞立可參法懲治所有附
省之總小各口應請仍聽管關之督撫及監督照舊派
遣外其餘五總口及分隸之小口四十餘處係內地本
港船隻出入之所雖省自數百里至二千餘里不等所
有每年詳委之佐雜本非熟習關務且官職較卑
書吏家丁視為微員未能受其拘管即有一二向上之
員又因遠年更換不肯實心經理而向來派往遠
縣口岸者因家丁不能敷用每每遣派長隨及小半
或留或去換不比家丁之易就約束一經派管惟

三九二　廣東巡撫孫士毅奏折

請派員就近兼管關口并請添設庫官
（乾隆五十一年六月二十七日）

利是圖私侵蝕課餉印刷削寡商貲惡習久在
聖明洞鑒之中 臣穆騰額到粵以來亦不能不照舊
派用雖剋剋嚴加訪察責其必懲斷不敢縱其滋
事舞弊但每念及若輩惡習相沿既甘小心怕事
而商不可為仍不免有虧帑自愛之人近更目擊前
猾〻官勒派作用長隨殷士僕等以拔其掌游
更弊名根籍可為前車之鑒尤不勝悚惶恨甚乃
寶 臣孫士毅以因纍酌此等雜有殺查寡口岸與貲委
用估雜長隨稽察難周易啟弊端不免養成獸也
之恐僱請奉經理錄諒恐僱等本任事務兇且
官職稍優非佐雜微員可比書吏人等不敢不受
其約束於鑒輯關務較為有益除各口岸中報文
案往來巡緝必須責成書役仍照例委立戳擊派

三九二　廣東巡撫孫士毅奏折

請派員就近兼管關口并請添設庫官
（乾隆五十一年六月二十七日）

往外其派之家丁長隨前往五總口暨各小口及每年
諮商估雜經管之處應請概行停止以絶弊源
以收實效查惠潮高雷廉瓊各府與五總口附
近之處均設有同知通判駐劄該處嗣後即請
每年在於附近各總口之同知通判內擇其才守
較優者由督臣監督會同撫臣飭委督同書役稽
查一切税務如附近之丞倅才具不甚相宜並請
查通省丞倅中遴委妥員管理俾無疏懈廢弛一體
稽察督撫臣即會同嚴參不徇如果經理歲有加增
並請照地方官徵收地丁錢糧全完之例咨部
議叙如此酌量調劑庶關務肅清將來課餉必
可益加充裕再查粤海關庫內從前存貯餉銀不

三九二 廣東巡撫孫士毅奏折

請派員就近兼管關口并請添設庫官(乾隆五十一年六月二十七日)

通二三十萬至四五十萬兩不等嗣後稽騰額

自乾隆四十九年接任通年增至七八十萬兩銀

數較昔年不啻加倍而向例只設庫書二名

經理其事以將近百萬兩之庫項一切收支報解

僅委之書吏經手殊非慎重之道

騰額自乾隆四十九年接任通年增至七八十萬兩銀

數較昔年不啻加倍而向例只設庫書二名經理其

以將近百萬兩之庫項一切收支報解僅委之書吏

手殊非慎重錢糧之道

臣等公同商酌請照

藩運兩司庫之例添設庫大使一員專司收支事宜

俾設專官經管

臣等即會摺另行照部議奏

三九二　廣東巡撫孫士毅奏折

請派員就近兼管關口并請添設庫官
（乾隆五十一年六月二十七日）

准其稽查口岸與本任內地方無得廣儲呈資外
公毋廣儲司飯食銀兩所有惠潮嘉處五總口每
年詳委佐雜各員及家丁應給飯食等項共銀
四千一百二十二兩均可節省歸入平餘項下一併報
解部實為慎重關務除弊裕課起見謹附
此次由驛馳遞之便合詞具
奏伏乞
皇上睿鑒訓示施行謹
奏
乾隆五十一年七月十四日奉
硃批交部議行欽此

六月二十七日

三九三　長蘆鹽政穆騰額奏折

交卸粵海關監督并赴任長蘆鹽政及陛見(乾隆五十一年十月初九日)

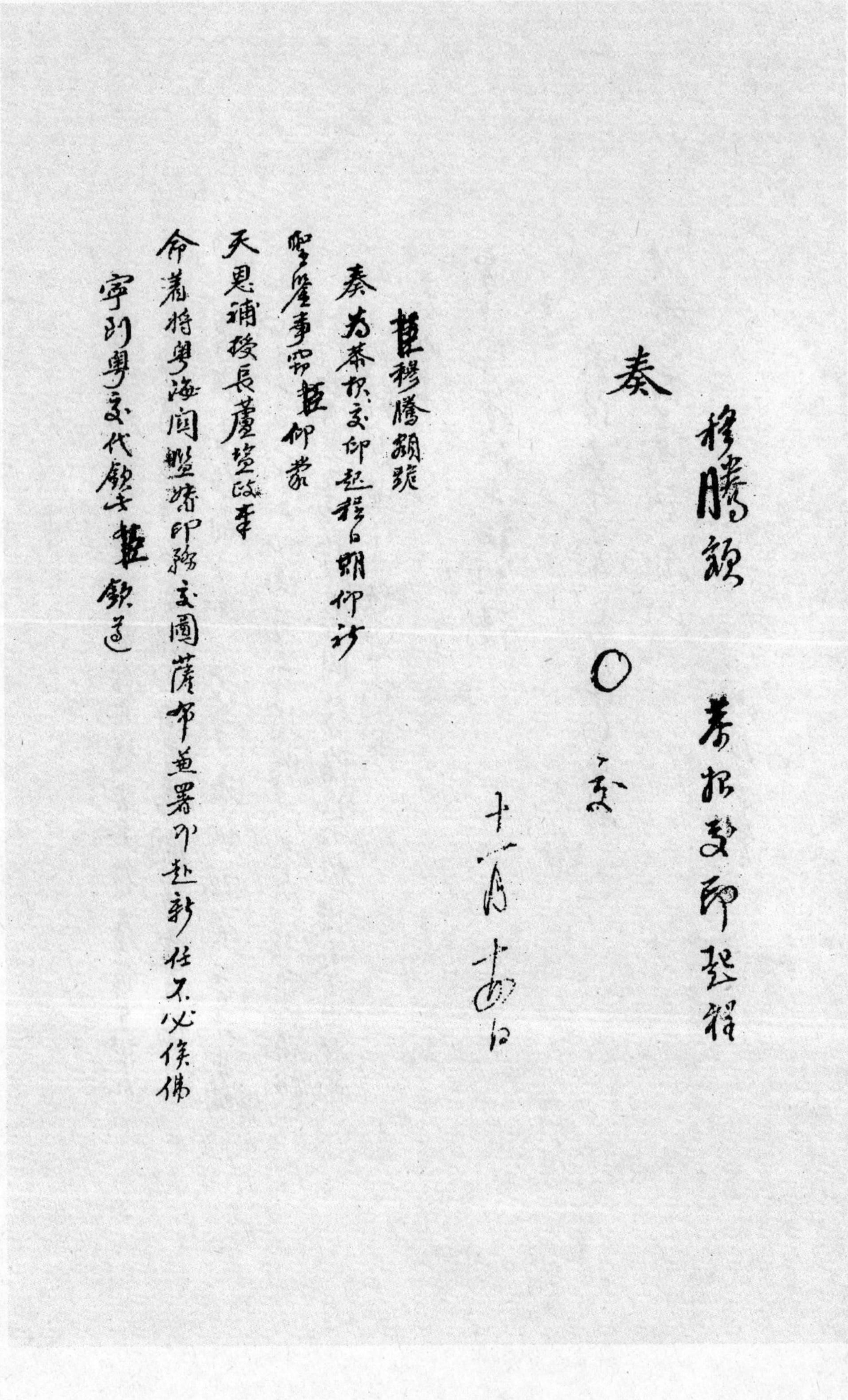
穆騰額　奏報交印起程

奏　○　奏

十一月十四日

臣穆騰額跪

奏為恭報交印起程日期仰祈

聖鑒事竊臣仰蒙

天恩補授長蘆鹽政業奉

命著將粵海關監督印務交圖薩布兼署即赴新任不必候佛

寧到粵交代欽此臣欽遵

三九三 長蘆鹽政穆騰額奏折

交卸粵海關監督并赴任長蘆鹽政及陛見(乾隆五十一年十月初九日)

諭旨於十月初九日交大關委員防禦孫盛將
欽頒粵海關監督關防一顆
上諭一本 書名
敕書一道暨關庫錢糧文卷冊檔以及現在支銷款項各冊移交
接任圖薩布接管臣自五十年十月二十六日接任起至五
十一年十月初八日止計通關共征收稅銀八十五萬一千三百
十一兩一錢八分六釐內除通關支銷及各口已報未解等銀
七萬八千七百七十七兩三錢六分六釐又除洋商未繳銀四十一萬
一百五十九兩八錢七釐實存庫銀三十六萬二千三百七十五兩
四分三釐均造款冊交接任圖薩布照數收貯進口未繳稅
銀四十一萬一百五十九兩有零遵照

三九三　長蘆鹽政穆騰額奏折

交卸粵海關監督并赴任長蘆鹽政及陛見(乾隆五十一年十月初九日)

奏明定例飭商滿關六個月內繳清起解現取具各洋商遵
依甘結監督務[illegible]按月不待其通年正額盈餘數目應俟至
十月二十五日關期屆滿循例
奏報伏念臣于鹽政事務實未諳習仰懇
聖恩允准趨赴
闕廷跪請
聖訓臣得瞻仰
天顏敬聆
聖主教導庶遂臣犬馬愚
悃之忱於鹺務一切事宜均得稟遵辦理臣擬接摺後即起程進京
計天津距京不過二百餘里臣于

三九三　長蘆鹽政穆騰額奏折

交卸粵海關監督并赴任長蘆鹽政及陛見(乾隆五十一年十月初九日)

陛見後再赴新任不致稽延時日於事亦妥然謹所有業交印

起程日期除恭疏

題報外謹具摺奏

聞伏乞

皇上睿鑒謹

奏

乾隆五十一年十月十四日

硃批知道了欽此

十月初九日

三九四　兩廣總督孫士毅奏折

報告通年征收關稅總數
（乾隆五十一年十二月二十日）

孫士毅
佛寧
奏　征收關稅總數

交　○

正月二十五日

兩廣總督臣孫士毅
粵海關監督臣佛寧跪

奏為

奏明通年征收關稅總數仰祈

睿鑒事竊照粵海關征收正雜各項銀兩例應至年期滿

先將總數

奏明俟查核支銷確數另款造册委員解部仍行具

三九四　兩廣總督孫士毅奏折

報告通年征收關稅總數

（乾隆五十一年十二月二十日）

題，經遵照辦理，在案。自乾隆五十年十月二十六日起，連閏
扣至乾隆五十一年十月二十五日止，一年期滿，通關各口共
收正雜銀兩併等銀九十五萬三千九百六十兩零，除遵照
部限滿關後六個月核明分任收支確數，列款造冊
解部查核，另行具
題外，茲查乾隆四十六年二月十三日承准戶部劄行，奉
旨：粵海關經征課稅，向來原視洋船之多少，貨物之粗細，以定
盈絀，非滸墅等關征收內地貨物者可比，嗣後該部查核粵
海關征收課稅，即以該年之船隻貨物核實考察，毋庸照各
各關例與上三屆比較。等因。欽此。欽遵在案。又于乾隆四十七年
四月內經戶部議准，粵海關稅銀以乾隆四十一二兩年作爲
比較之在案。茲臣等查上屆五十年分，計到洋船四十六隻

三九四　兩廣總督孫士毅奏折

報告通年征收關稅總數

（乾隆五十一年十二月二十日）

共收銀八十七萬二千一百五十兩零，今五十二年分到洋船六十八隻，共收銀九十五萬三千九百六十兩零，比較上屆多收銀八萬一千八百一十兩零，比之四十一二兩年收銀五十八萬八千四百餘兩，多收銀三十六萬五千五百一十兩零。理合按寔預行

奏報，伏乞

皇上睿鑒。謹

奏

乾隆五十二年正月二十五日奉

硃批：覽。欽此

十二月二十日

三九五　兩廣總督孫士毅致軍機處呈文　洋商潘文岩情願繳銀（乾隆五十一年）

呈
八月初一日敬奉
中堂大人鈞示所有洋商潘文巖等情願繳銀一項面
奉
諭旨俟有積存遇便解交造辦處欽此令士毅會同
監督遵照辦理俟将来積多之時一面咨覆
一面搭解不必屡形章牘等因奉此除聽監
督另行呈覆外士毅合即肅函附便馳達並
請
鈞祺謹呈
孫士毅謹具

三九六　粵海關監督佛寧致軍機處呈文

起解洋商繳貯備貢銀兩交造辦處
（乾隆五十二年五月十二日）

呈

管理粵海關監督事務內務府坐辦堂郎中兼叅領佛　為
呈明起解洋商繳貯備貢銀兩事。竊照洋商潘
文巖等稟請代
奏每年繳銀伍萬伍千兩存貯關庫以備
貢用等情前來，當經前監督穆　會同兩廣總督

三九六　粵海關監督佛寧致軍機處呈文

起解洋商繳貯備貢銀兩交造辦處
（乾隆五十二年五月十二日）

孫　攄情代

奏乾隆伍拾壹年捌月初壹日承

軍機處中堂大人字寄昨貴處攄情會銜代

奏洋商潘文巖等情願每年繳存備用銀伍萬伍

千兩稍盡悃忱並積多應交何處夾片已蒙

俞允將夾片留中並面奉

諭旨俟有積存遇便解交造辦處欽此為此札知

貴督貴監督遵照辦理俟將來如無用項積多之時一

面咨覆軍機處備查一面竟行遇便搭解不必

三九六　粵海關監督佛寧致軍機處呈文

起解洋商繳貯備貢銀兩交造辦處
（乾隆五十二年五月十二日）

屢形章牘也等因到前監督移交到本監督查
乾隆伍拾貳年分洋商等交到銀伍萬伍千兩
應同起解稅餉銀一併解交今隨同乾隆伍拾
貳年分關餉批差委員附解京擬合呈明為此
合呈
軍機處察照並請交
造辦處查收施行須至呈者
右　　呈
軍　機　處

三九六　粵海關監督佛寧致軍機處呈文

起解洋商繳貯備貢銀兩交造辦處

（乾隆五十二年五月十二日）

乾隆伍拾貳年　　拾貳　日

三九七　廣東巡撫圖薩布奏折

遵旨代查關務(乾隆五十二年六月二十三日)

圖薩布　代查關務

奏

旨　廿三日

廣東巡撫臣圖薩布跪

奏為遵

旨代查關務恭摺

奏覆仰祈

聖鑒事。本年六月初五日承准大學士和珅字寄，乾

隆五十二年五月十七日奉

上諭：孫士毅奏現駐潮州防範臺灣逸匪，並查辦

三九七　廣東巡撫圖薩布奏折　遵旨代查關務(乾隆五十二年六月二十三日)

辦入會匪犯距省較遠所有粵海關事務恐家人與書役串通滋弊難以逆料請交與督臣就近董查等語此奏殊可不必孫士毅現在雖駐潮州距省較遠但臺灣逆匪不日蕩平該督查辦一切事竣即可仍回省城辦事並非久駐潮州所有關榷事務即恐家人胥吏或有滋弊之處不妨札囑巡撫代為稽察況尚有本管監督在彼一切巡查約束尤其專責孫士毅儘可安心在潮亦何必鰓鰓過計竟事推讓為耶仍著傳諭圖薩布於孫士毅未回省城以前其管關家人吏胥等即代為稽查約束毋令串通滋弊將此各諭令知之欽此寄信到臣伏查粵海關

三九七　廣東巡撫圖薩布奏折

遵旨代查關務(乾隆五十二年六月二十三日)

稅務自督臣孫士毅董管後即會同前任監
督臣穆騰額將沿海口岸改委丞倅管理
省會總口事務仍派家人協同書役巡查業
經立定章程
奏明遵辦在案一向約束嚴密榷務肅清本年
二月內督臣孫士毅因查辦會匪事件前赴
潮州總口家人書役等俱各謹慎小心並無
串通滋弊之事即各口之設有委員者亦
皆安靜如常而現任監督臣佛寧辦理榷
務諸事認真更約束家人書役等尤能一體防
閑毫無瞻顧是以數月以來實與督臣在省
無異臣近在同城見聞真確素所深悉欽

三九七　廣東巡撫圖薩布奏折

遵旨代查關務（乾隆五十二年六月二十三日）

奉

諭旨令臣於孫士毅未回省城以前代為稽查约束

臣惟有凜遵

聖訓隨時代為稽查斷不敢畧存歧視致有貽悞所有

臣奉

旨遵辦緣由理合繕摺具

奏伏乞

皇上睿鑒謹

奏

乾隆五十二年七月二十三日奉

硃批覽欽此

六月二十三日

三九八　粤海關監督佛寧致軍機處呈文

遵旨嗣後恭辦小式表玩隨折進貢不必繁費(乾隆五十二年七月)

呈

管理粤海關監督事務內務府坐辦堂郎中兼叅領佛　爲

呈明事乾隆伍拾貳年柒月拾伍日據押運端

陽

貢家奴自京回粤賫到

三九八　粤海關監督佛寧致軍機處呈文
遵旨嗣後恭辦小式表玩隨折進貢不必繁費(乾隆五十二年七月)

軍機處印劄內開昨奉
諭旨粤海關監督應得養廉無多不過照例隨摺呈
進些小表玩數件所費尚屬有限今該監督竟照
節貢呈進多件殊爲繁費嗣後不必欽此爲此劄
知該監督敬謹遵照辦理祇須遇便呈覆以備
垂詢毋庸專摺覆
奏等因職荷蒙
天恩高厚垂鑒下忱彌深感激惟念職每次恭進大

三九八　粵海關監督佛寧致軍機處呈文
遵旨嗣後恭辦小式表玩隨折進貢不必繁費(乾隆五十二年七月)

呢羽緞等物係洋船每年順便帶來之物與各
處土產方物無異是以呈
進茲蒙
恩諭不必隨節貢多費職惟敬謹遵
旨嗣後恭辦小式表玩物件隨奏摺之便賫京恭
進所有奉到
諭旨遵照辦理緣由理合呈明伏祈
鑒照施行須至呈者

三九八　粤海關監督佛寧致軍機處呈文

遵旨嗣後恭辦小式表玩隨折進貢不必繁費(乾隆五十二年七月)

右　呈

軍機處

乾隆伍拾貳年柒月　　日

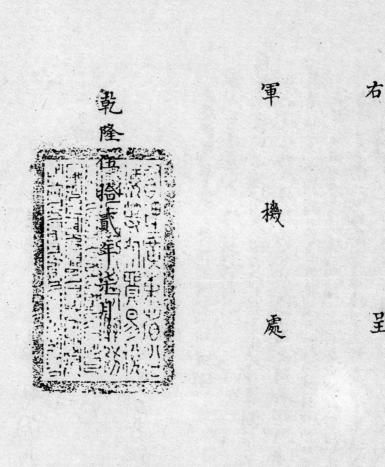

三九九　兩廣總督孫士毅奏折

報告通年征收關稅數目
（乾隆五十二年十一月初九日）

奏

孫士毅　佛寧

徵收關稅

事　○

十二月廿日

兩廣總督臣孫士毅　粵海關監督臣佛寧跪
奏為恭報通年徵收關稅仰祈
聖鑒事竊照粵海關應徵正雜銀兩例應一年期滿先將總數
奏明俟查核支銷確數分款造冊委員解部仍行具
題應俟遵照辦理茲自乾隆五十一年十月廿六日起至五十
二年十月廿五日止一年期滿通關各口共收正雜盈餘銀
九十八萬一千六百餘兩零內除戶部奏准先後二次撥解
造辦處年需銀五萬兩其餘銀兩現在照例陸續

三九九　兩廣總督孫士毅奏折

報告通年征收關稅數目
（乾隆五十二年十一月初九日）

徵收並應行支銷及應起解銀兩數目列款造冊分咨
報部查核外，案查乾隆四十六年二月十三日承准戶部
劄行奉
旨：粵海關經徵課稅，向來原視乎洋船之多少、貨物之粗細以定，
江蘇滸墅等關徵收，向把貨物豐歉比例，嗣後該部
查核粵海關徵收課稅，即以該年之船隻貨物核實
奏覆，毋庸照各關俱照上三屆比較等因，欽遵
在案。又於乾隆四十七年四月內經戶部議准，粵海關
稅銀以乾隆四十一二兩年作爲比較之額在案。茲臣等查
上屆五十一年分共到洋船五十八隻，共收銀九十五萬
三千九百一十兩零；今五十二年分共到洋船七十三隻，
共收銀九十八萬一千八百餘兩零，比較上年多收銀二
萬七千八百餘兩；比之四十一二兩年收銀五十八萬八千四百

三九九　兩廣總督孫士毅奏折

報告通年征收關税數目

（乾隆五十二年十一月初九日）

解部多收銀三十九萬三千二百解部理合繕摺恭

奏伏乞

皇上睿鑒謹

奏

乾隆五十二年十二月二十六日奉

硃批該部知道了欽此

十一月初九日

四〇〇 兩廣總督孫士毅奏折

洋鹽商人捐銀充餉（乾隆五十二年十一月十二日）

孫士毅等 洋鹽等商備銀充餉由

奏

旨 隨 交 除一同交 ○

十一月廿九日

廣東巡撫臣圖薩布
兩廣總督臣孫士毅 跪
粵海關監督臣佛寧

奏為據情籲懇

聖恩事竊臣等據洋行商人潘文巖陳文擴蔡世文石中和伍

國釗吳昭平楊岑龔林時懋等呈稱商等分居徼末仰被

皇仁自開設洋行業傳數代家計日增饒裕優蒙

四〇〇 兩廣總督孫士毅奏折 洋鹽商人捐銀充餉(乾隆五十二年十一月十二日)

皇上恩施停止例辦洋貨並將各衙門採辦貨物一概革
除俾商等藉運益得從容感激
天恩諭飭決隨前年額請飭總督及稅監督代為藉
奏稍効微忱未邀
恩准茲值臺匪滋事集兵進剿雖么麼小醜指日即就蕩平
國帑充盈無用商等土壤細流日內茶商特沛
恩綸招募新兵巡防奸匪竄逸不獨內地民人藉資衛護即
各海口商船往來有此兵威壯盛亦無盜賊驚擾之虞商
等得以安居樂業生擁厚貲皆叨
聖主增兵添餉之恩全家頂戴無可報効情願敬備銀三十萬

四〇〇 兩廣總督孫士毅奏折

洋鹽商人捐銀充餉(乾隆五十二年十一月十二日)

兩充作新兵糧餉稍伸芹曝之誠伏查乾隆三十九年川
匪滋擾商等湊捐軍需二十萬兩在藩庫借支分年繳
還荷蒙
恩准此次懇照例借支分作[redacted]完解等情又據鹽埠商人
李念德溫永裕顏松蔭陳緒屏林鍾茂陳世盛陳倬
仁邵厚興俞太郎等向臣孫士毅臣圖薩布呈請粵省
運鹽大半經由洋面今得添設多兵分布巡防鹽務益增
嚴密商等感沐
皇恩至優極渥情願備新兵糧餉銀二十萬兩展此蟻忱
懇於藩庫借支分作五年按引完解等因察看情形係

四〇〇　兩廣總督孫士毅奏折　洋鹽商人捐銀充餉(乾隆五十二年十一月十二日)

為地方公事與伊等身家有益起見，實出至誠，等不
敢壅於上
聞，謹合據情代
奏。伏乞
皇上俯賜恩准柰閩閩支糧餉，是以附驛馳遞，合並
聲明。謹
奏。　乾隆五十二年十月二十九日奉
硃批：有旨諭部。欽此。
十一月十二日

四〇一　兩廣總督孫士毅奏折

洋鹽商人捐銀五十萬兩專給新兵糧餉之用（乾隆五十二年十一月十二日）

臣孫士毅
臣圖薩布跪
奏臣等前查洋鹽商人感沐
皇上逾格恩施數年以來一切浮費盡行革除伊等未有
展忱之處此次具呈歡懇係為地方公事臣等下見似
應仰求
皇上俯如所請俾得稍遂報効之誠至此項五十萬兩應請
另款存貯藩庫專備新兵糧餉之用不准別項借支
致滋牽混計臺匪不日即可剿除俟蕆事後查
明軍營病損兵數即將新兵補額其額尚有若
干名歸入各營候補項下以為定額俟有缺出先儘
此項兵丁以次挨補臣等即裁明新兵動支糧餉實
數咨部查核併報另行聲請報撥合並陳明謹

四〇一　兩廣總督孫士毅奏折

洋鹽商人捐銀五十萬兩專給新兵糧餉之用(乾隆五十二年十一月十二日)

奏

乾隆五十二年十一月廿九日奏

硃批覽欽此

十二月十二日

四〇二　内閣奉上諭

著令議叙捐輸軍需銀兩之洋商鹽商

(乾隆五十二年十一月二十九日)

乾隆五十二年十一月二十九日内閣奉

上諭孫士毅等奏據洋商潘文嚴等呈稱現在臺灣勦捕逆匪粤省招募新兵巡防海口商船往来藉此兵威得免驚擾該商等情愿捐銀三十萬兩以充軍需又據鹽商李念德等呈稱粤省運鹽多經洋面今添兵巡防鹽務益增寧謐預備餉銀二十萬兩用展蟻忱各等語該洋商鹽商等請捐餉銀係因添兵巡防海口與伊等生計有益起見自應俯准所請以遂其報効之誠但各商等于地方公務踴躍捐輸尚屬急公並着該督等查明咨送吏部照例議叙以示奬勵摺併發欽此

四〇三　兩廣總督孫士毅奉上諭著嚴飭各關口毋許奸商私販大黄出口（乾隆五十四年正月二十四日）

大學士公阿　大學士伯和　字寄
兩廣總督公孫　廣東巡撫圖　傳諭粤海關
監督佛寧　乾隆五十四年正月二十四日奉
上諭現在洽克圖閉關不准與俄羅斯貿易而大黄
一種尤為俄羅斯必需之物昨因新疆一帶有可
通俄羅斯處所恐致透漏已傳諭各該處駐劄大
臣嚴密查禁毋許有私販大黄違禁偷漏之事現
據明亮福崧奏各在喀什噶爾阿克蘇等處查出
私販大黄竟有數千餘觔之多是奸商惟利是圖
而俄羅斯仍得收買禁物則斷與不斷等耳究屬
有名無實是以降旨分别從嚴治罪並令實力查
禁矣因思西洋等處與俄羅斯境壤毗連常通交

四〇三 兩廣總督孫士毅奉上諭

著嚴飭各關口毋許奸商私販大黄出口

(乾隆五十四年正月二十四日)

易恐奸商等見新疆業經嚴禁難以偷越又思從
廣東海道將大黄私販出洋偷賣與俄羅斯希圖
厚利亦未可定孫士毅目下尚未回省着傳諭圖
薩布與佛寧務嚴飭各關口實力稽查不特内地
奸商毋許有私販大黄出洋之事即在澳門貿易
洋行亦不得任其透漏夾帶將此由四百里傳諭
圖薩布佛寧並隨報便諭令孫士毅知之欽此遵
旨寄信前來

四〇四　兩廣總督福康安奏折

接管粵海關印務并收關税銀兩數目
（乾隆五十四年六月二十八日）

臣福康安跪

奏爲奏明接收粵海關印信并關税銀兩數目，仰祈

睿鑒事。竊照粵海關印信先經

奏明交將軍善德暫行署理。茲臣於乾隆五十四年六月二十二日由粵西行抵廣州省城，准將

軍善德將

欽頒粵海關監督關防一顆暨錢糧鎖鑰册檔文卷委官齎送前來，除恭設香案叩頭祗領視事並准將軍善德咨開前監督佛寧任内自乾隆五

十二年十二月二十六日起至五十四年閏五月十一日止計一年七個月零十六日又巡撫圖薩布暫署監督任内自閏五月十二日起至六月十一日止計一個月又将軍善德暫署監督任内自六月十二日起至二十一日止計十日三共一年八個月零二十六日共收銀一百六十一萬三千七百八十一兩七錢内除支通關經費銀九萬六千七百八十五兩六錢四分三厘又支撥解粤西軍需銀四十一萬二千五百五十六兩三錢一分一厘應存銀一百一十

四〇四　兩廣總督福康安奏折
接管粤海關印務并收關稅銀兩數目
(乾隆五十四年六月二十八日)

萬四千四百三十九兩七錢四分六厘内除洋
行代夷商報納未經完繳銀一十八萬一千六
百九十四兩六錢三分三厘又各口留撥兵餉
及已徵未觧銀一萬八千八百一十兩六錢八
分八厘實存貯庫銀九十萬三千九百三十四
兩四錢二分五厘又另存平餘罰料截曠等銀
四千四百九十一兩二錢五分五厘二共存銀
九十萬八千四百二十五兩六錢八分分别造
冊移交等因到臣准此隨即按冊逐欵查收清
楚與原交數目相符至洋商等未繳銀一十八

四〇四　兩廣總督福康安奏折
接管粵海關印務并收關税銀兩數目
(乾隆五十四年六月二十八日)

萬餘兩業經將軍善德取具行商認狀移送存
據伏查行商所欠税項向例准其於滿關六個
月内繳清起解經前監督李質穎奏明准有部
覆在案臣現在查照舊定章程逐一實心經理
並選派誠實委員分赴各口稽查察核仍隨時
親加體訪無許書役人等作奸舞弊苛刻商民
其粵海關庫仍責令原派之副將德敏督率看
守俟新任監督到日撤回以昭慎重所有臣接
管粵海關印務日期並清收關税銀兩數目緣
由理合恭摺奏

四〇四　兩廣總督福康安奏折

接管粵海關印務并收關税銀兩數目
(乾隆五十四年六月二十八日)

聞伏乞
皇上睿鑒謹
奏
乙

乾隆五十四年六月二十八日

四〇五　兩廣總督福康安奏折

遵旨查禁大黄出洋酌定章程
（乾隆五十四年九月初三日）

臣福康安臣郭世勳臣額爾登布跪

奏為遵

旨查禁大黄出洋酌定章程恭摺奏

聞事竊照奉

旨嚴禁大黄出洋一案臣福康安會同前撫臣圖薩

布等札飭司道府州督屬實力查禁並傳集省

城行商通事嚴切諭禁取有各國大班依結實

力奉行在案嗣復欽奉

上諭伍拉納奏每年令興泉永道官買大黄五百觔

帶交臺灣鎮道配發各鋪繳價領售其琉球貢使

回國購買藥料時所需大黄每歲不得過三五百

觔之數無許官伴人等夾帶等語所辦甚是等因

四〇五　兩廣總督福康安奏折

遵旨查禁大黄出洋酌定章程
（乾隆五十四年九月初三日）

欽此茲復接准部咨內開奉
上諭大黄藥料為民間療病所必需不可查辦過當
以致因噎廢食其內地省分如臺灣瓊州崇明等
處地懸海外著地方官酌定限制給與官票呈驗
以防私販偷漏其餘各府州縣均聽其照常販運
毋庸發給官票等因欽此仰見我
皇上利用厚生寬嚴交濟之至意伏查粵東地處海
疆多通洋面若大黄任其出洋勢必輾轉入於
俄羅斯境內自應亟為設法查禁但民間療疾
在所必需防範過嚴又恐商販裹足以致內地
藥材短缺誠如
聖諭不可因噎廢食查大黄出產川陝二省商人運

販到粤於省城佛山兩處售賣每年約二十餘
萬觔其賣與洋行各國夷人約十餘萬觔內地
各府州地方亦約銷十餘萬觔臣等督同在省
司道悉心酌議除廣肇惠潮南韶高廉雷九府
直隸嘉應連州羅定三州俱係內地遵
旨應聽商民照常販運毋庸發給官票致滋紛擾外
其瓊州一府孤懸海外與閩省之臺灣江蘇之
崇明相似該府所屬多係緊接外洋歲需大黄
應即嚴定限制以杜偷漏至外洋各國與俄羅
斯海道一水可通難保無偷漏之事但各國療
疾亦所必需似未便竟行禁絕臣等公同酌核
所有瓊州一郡應照臺灣之例准商民等由省

四〇五　兩廣總督福康安奏折　遵旨查禁大黄出洋酌定章程
（乾隆五十四年九月初三日）

城佛山每年販買五百觔前往售賣官為給票
一路關隘口岸查驗放行如無官票及多買夾
帶者即嚴拏治罪其西洋各國應照琉球之例
每年每國販買亦不得過五百觔飭令省城洋
行及澳門商人將售賣大黄數目并賣與何國
夷人均於洋船啓椗之先分晰列冊呈繳南海
香山二縣一面通詳一面移行守口文武員弁
按冊稽查如有夾帶多買一經查獲嚴拏行商
通事從重治罪仍將大黄變價歸官於保商夷
商名下各追十倍價銀充公至暹羅一國與粤
東向通貿易大黄一項嗣後應行禁止惟遇該
國進貢之年貢船回國時每次准其買帶五百

四〇五 兩廣總督福康安奏折 遵旨查禁大黃出洋酌定章程
（乾隆五十四年九月初三日）

觔俾資療治其安南一國貢道不由粵東臣福
康安前在粵西時於辦理善後事宜摺內
奏請申明例禁毋許內地民人私販藥材綢布等
物至安南售賣現在阮光平已欽奉
恩封恪脩職貢該國向來貢使回國例准購帶藥材
嗣後亦應照琉球之例每次貢使回國時准其
購帶大黃五百觔即以本年阮光顯等回國為
始如此則海外瓊州一郡既明定限制各國所
買為數又屬無多自不致復有多餘漏入俄羅
斯境內所有本港船隻一槩嚴行禁止不許絲
毫夾帶致滋偷漏如經查出即照私販硝磺例
從重治罪臣等仍隨時督飭地方官及守口員

四〇五　兩廣總督福康安奏折
遵旨查禁大黄出洋酌定章程
(乾隆五十四年九月初三日)

弁嚴密稽查按月結報如有疎縱即嚴叅辦理
務使内地商運流通洋販净絶俟俄羅斯通市
之後仍聽照常賣運毋庸復設禁防所有臣等
現已遵
旨查禁大黄出洋及酌定章程緣由謹繕摺覆
奏伏乞
皇上睿鑒訓示謹
奏
原摺大臣敬奏

四〇五 兩廣總督福康安奏折
遵旨查禁大黄出洋酌定章程
(乾隆五十四年九月初三日)

觔俾資療治其安南一國貢道不由粤東臣福
康安前在粤西時於辦理善後事宜摺内
奏請申明例禁毋許内地民人私販藥材綢布等
物至安南售賣現在阮光平已欽奉
恩封恪脩職貢該國向来貢使回國例准購帶藥材
嗣後亦應照琉球之例每次貢使回國時准其
購帶大黄五百觔即以本年阮光顯等回國為
始如此則海外瓊州一郡既明定限制各國所
買為數又屬無多自不致復有多餘漏入俄羅
斯境内所有本港船隻一槩嚴行禁止不許絲
毫夾帶致滋偷漏如經查出即照私販硝磺例
從重治罪臣等仍隨時督飭地方官及守口員

四〇五　兩廣總督福康安奏折

遵旨查禁大黄出洋酌定章程

（乾隆五十四年九月初三日）

弁嚴密稽查按月結報如有疎縱即嚴叅辦理
務使内地商運流通洋販浄絶俟俄羅斯通市
之後仍聽照常賣運毋庸復設禁防所有臣等
現已遵
旨查禁大黄出洋及酌定章程緣由謹繕摺覆
奏伏乞
皇上睿鑒訓示謹
奏
〔朱批〕覽奏

乾隆五十四年九月初三日

四〇六　粤海關監督額爾登布奏折

報解關税盈餘銀兩(乾隆五十五年五月十八日)

奴才額爾登布跪

奏為報明起解關税盈餘銀兩仰祈

睿鑒事。竊照粤海關每年徵收正雜錢糧，例應具摺

奏報。茲奴才會同兩廣督臣福康安查前監督佛

寧任内自乾隆五十三年十月二十六日起，連

閏扣至五十四年九月二十五日奴才接管任

内止，一年期内共徵銀一百一十萬一千三百

六十一兩九錢六分三釐，内正羡銀五十九萬

二千九百八十八兩三錢九分六釐，雜羡銀五

十萬八千三百七十三兩五錢六分七釐。除照

例於正項内支出正額銀四萬兩，銅斤水脚銀

三千五百六十四兩移交布政司庫取有庫收
送部查核又撥解滇省銅本銀二十九萬九千
七百五十四兩一錢五毫又照例於雜羡内支
出通關經費養廉工食及鎔銷折耗等銀四萬
三千三百四十八兩四錢三分九釐又支出解
交造辦處裁存備貢銀五萬五千兩又支出節
存水脚並解部飯食銀六萬三十一兩九錢二
分二釐尚存正羡銀二十四萬九千六百七十
兩二錢九分六釐雜羡銀三十四萬九千九百
九十三兩二錢六釐共存正雜盈餘銀五十九
萬九千六百六十三兩五錢二釐并節存水脚

銀三萬三千七百二十二兩六錢一分三釐共
存銀六十三萬三千三百八十六兩一錢一分
五釐又另解節存平餘罰料截曠等銀七千七
百九十九兩九錢四分一釐查此項節存平餘
罰料等銀遵照戶部
奏准於奏報盈餘摺内照數剔除入於本案報銷
不歸併盈餘項下兹遵例恭疏
題報按款分批委員解部外再查該年共到洋船
八十三隻共收銀一百一十萬一千三百六十
一兩九錢六分三釐比較歷來税數均有盈無
絀合併聲明所有前項税餉現於乾隆五十五
年四月二十九日自粵陸續起程合將收支數

四〇六　粵海關監督額爾登布奏折

報解關稅盈餘銀兩（乾隆五十五年五月十八日）

目隨同餉銀恭摺
奏報伏乞
皇上睿鑒勅部核覆施行謹
奏
該部知道
乾隆五十五年五月　十八　日

四〇七　粤海關監督額爾登布奏片

報告接收關税錢糧清楚緣由

(乾隆五十五年十月十七日)

奴才額爾登布跪

奏爲接收關税錢糧清楚緣由仰祈

聖鑒事。查粤海關經徵乾隆五十六年分錢糧,奴才任内自上年九月二十六日起至本年五月十八日止,共到洋船六隻,大關各口共徵銀五十五萬六百四十七兩四錢二分零。奴才遵

旨進京恭祝

萬壽,撫臣郭世勳接管關任内,自本年五月十九日起至九月二十五日止,共到洋船五十三隻,大關各口共徵銀五十七萬六千九百一十五兩四錢零。計奴才同撫臣兩任合徵一年期滿,共收銀一百一十二萬七千五百六十二兩八錢

四〇七　粵海關監督額爾登布奏片

報告接收關税錢糧清楚緣由

(乾隆五十五年十月十七日)

零内支銷經費及洋行代夷商報納税餉未經繳庫又各口已徵未解等銀六十六萬九千一百五十七兩一錢零實存庫銀四十五萬八千四百五兩七錢二分二釐除會同督臣撫臣將比較有盈無絀緣由另行專摺奏報外又自本年九月二十六日起至十月十二撫臣交卸關務日止共到洋船三隻大關各口共徵銀八萬二千七百八十七兩零兹准撫臣郭世勳一併造冊移交前來奴才逐款查對銀數相符所有接收關税錢糧清楚緣由理合繕摺恭

四〇七　粵海關監督額爾登布奏片

報告接收關稅錢糧清楚緣由

(乾隆五十五年十月十七日)

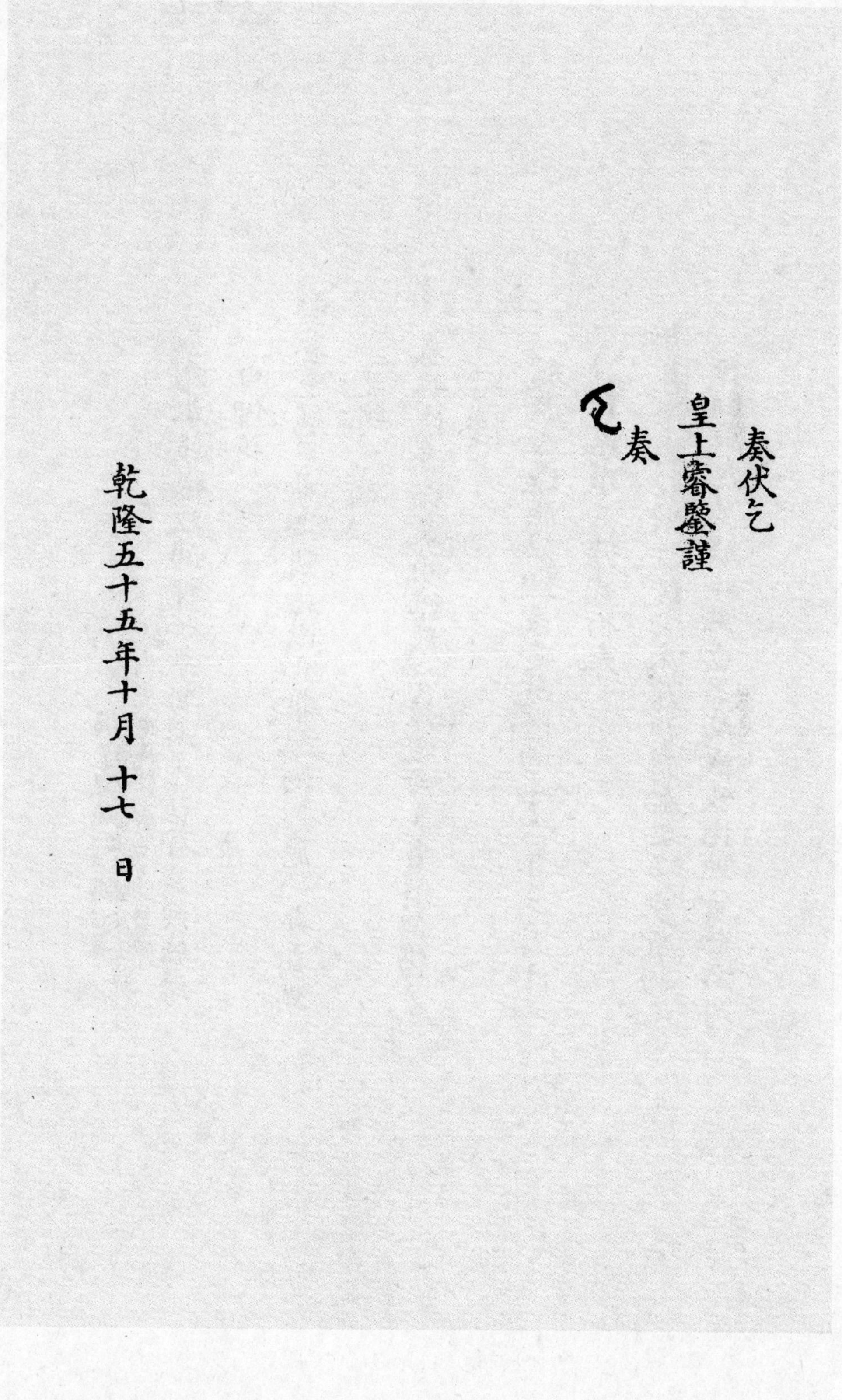

奏伏乞

皇上睿鑒謹

奏

覽

乾隆五十五年十月十七日

四〇八　兩廣總督福康安奏折

征收粤海關税一年期滿按年比較有盈無絀（乾隆五十五年十月二十四日）

廣東巡撫奴才郭世勳
兩廣總督奴才福康安跪
粤海關監督奴才額爾登布

奏為恭報徵收關税一年期滿比較有盈無絀緣
由仰祈
聖鑒事竊照粤海關應徵正雜銀兩例應一年期滿
先將總數
奏明俟查核支銷確數分款造册委員觧部仍另
行具
題歷經遵照辦理案查乾隆四十六年二月十三
日承准戶部劄行奉
旨粤海關經徵課税向來原視洋船之多少貨物之
粗細以定盈絀非滸墅等關徵收内地貨物者可

四〇八　兩廣總督福康安奏折　征收粵海關税一年期滿按年比較有盈無絀(乾隆五十五年十月二十四日)

比嗣後該部查核粵海關徵收課税即以該年之
船隻貨物核實考察毋庸照各關例照上三届比
較等因欽此欽遵在案又於乾隆四十七年四月
内經戶部議准粵海關税銀以乾隆四十一二
兩年作為比較亦在案兹自乾隆五十四年九
月二十六日起至五十五年九月二十五日止
一年期滿通關各口共徵收正雜盈餘銀一百
一十二萬七千五百六十二兩八錢零奴才等
查上届五十五年分共到洋船八十三隻共收
銀一百一十萬一千三百六十兩零今五十六
年分共到洋船五十九隻比較上年多收銀二

四〇八　兩廣總督福康安奏折

征收粤海關税一年期滿按年比較有盈無絀(乾隆五十五年十月二十四日)

萬六千二百兩零又查四十一二兩年每年徵
收銀五十八萬八千四百餘兩今五十六年分
徵收數目比照四十一二兩年均多收銀五十
三萬九千一百六十兩零除遵照部限陸續徵
收俟起解該年關税將應行支銷及應解銀兩
數目列款造册分别報部查核外所有徵收粤
海關税銀一年期滿比較有盈無絀緣由理合
繕摺恭
奏伏乞
皇上睿鑒謹
奏

四〇八　兩廣總督福康安奏折

征收粤海關税一年期滿按年比較有盈無絀(乾隆五十五年十月二十四日)

乾隆五十五年十月　二十四日

四〇九　兩廣總督福康安奏折

粵海關稅課盈餘及俄羅斯等國違禁易貨(乾隆五十六年二月十五日)

福等　粵海關稅課盈餘

奏　單一　冊一

三月二十二日

臣福康安、臣郭世勳、臣額爾登布跪

奏為粵海關稅課盈餘查無出入違禁貨物恭摺具

奏仰祈

聖鑒事。竊臣等欽奉

諭旨：福康安等奏報徵收關稅期滿一摺，核計五十六年徵收

四〇九　兩廣總督福康安奏折　粵海關稅課盈餘及俄羅斯等國違禁易貨(乾隆五十六年二月十五日)

數自乾隆四十一二兩年均多收銀五十三萬九千一百餘兩朕
聞外洋夷地與俄羅斯相連近年俄羅斯因未通貿易
北邊一帶稽查嚴緊私將海龍黑狐等項皮貨由西洋
船販至廣東售賣致該關稅課充盈或由於此俄羅斯
需用內地大黃茶葉等物若私販皮貨至粵自必易換該
國必需之物透漏出洋着傳諭福康安等嚴密查禁等
因欽此仰見我
皇上慎重關榷防杜販私
宸衷周詳無微不至伏查粵東濱臨洋海百貨駢闐各國洋
船到粵每年多寡不等物貨各粗細不同惟在各關口

四〇九　兩廣總督福康安奏折

粵海關稅課盈餘及俄羅斯等國違禁易貨（乾隆五十六年二月十五日）

奏爲稽查進出俱無透漏則例歸核實而貨目充盈
臣福康安於五十四年夏間自粵西鎮南關回至廣東省
城臣郭世勳臣額爾登布亦先後到任遂
商查禁大黃出洋籌議辦理章程專摺具
奏茲查海外諸國惟咈唎哩與俄羅斯相近恐該國
夷船私帶俄羅斯海龍等項皮張到粵售賣易換
大黃等物偷漏出洋輾轉入於俄羅斯則名爲閉關
禁絕實則暗自流通於事體大有關係當即飭
令關口員弁人役及行商通事大班夷人等如洋
船到粵帶有海龍等項皮張一概不許進口其或私行夾

四〇九　兩廣總督福康安奏折

粵海關税課盈餘及俄羅斯等國違禁易貨(乾隆五十六年二月十五日)

帶混入，則商等亦不私自交易，一經查出，除貨物入官外，
仍將該商及守口不嚴之員弁等一併懲辦。自飭禁以來，
尚無私放私買情事，而各國夷人亦知內地並不需用
此項皮張，即攜帶至粵，亦屬徒勞往返，無利可圖，其弊
可不禁自絕。臣福康安上年進京祝
嘏，仰蒙
皇上垂詢情形，曾經面為陳奏。臣額爾登布亦奉
旨詢問，曾繕片據實覆奏。近回任後復加體察，各守口員弁
及行商等尚能遵奉，不敢稍涉弊漏。茲奉
諭旨查詢，因查上年咪唎噬共到洋船九隻，據伊等帶貨物並
無海龍黑獺夾帶入口。而五十六年徵收關稅，核計數目較

四〇九 兩廣總督福康安奏折

粵海關稅課盈餘及俄羅斯等國違禁易貨(乾隆五十六年二月十五日)

請四十一二兩年均多收銀五十三萬九千一百餘兩係按照
則例徵收儘收儘解並無有違禁貨物進口出口以致貨
稅逐年加增至大黄一項經臣等
奏准外國每年買運以五百斤爲率毋許漏入俄羅斯境
內其內地船隻如有私處夾帶透漏者查出照例治罪
查大黄爲療疾所必需各國買運數目既有限制無從
復有贏餘售往俄羅斯易換皮張販入內地售賣而茶葉
一項亦爲俄羅斯所需之物今既禁皮張販至內地各國商
豈肯復將茶葉販往就現在情形而論所有海舶等貨
並無進口之處有日收印簿爲憑似屬可信其所以錢糧

四〇九、兩廣總督福康安奏折

粵海關稅課盈餘及俄羅斯等國違禁易貨(乾隆五十六年二月十五日)

文移了放皆精

聖主聲教覃敷遐方賓服東船番舶占風潮而來源源接踵

皇上洪福瀛海波恬安穩抵粵較之從前船隻為數不啻倍

蓰每遇洋船抵口即由臣福康安衙門專派標弁押

進口俟泊黃埔飭令稽查看守凡起貨到行以及買貨

上船均經行商與委員關書人等眼同逐一秤兌臣[illegible]

暨布政使赴黃埔督同丈量核算應輸稅課銀出

入一律報納不任絲毫透漏是以貨物並無違禁而錢

糧歲有加增至於海關稅課除進口出口貨出外尚有舟

鈔耗担歸公等銀名目又有本港洋船福潮內地等

船隻往來出入各口岸一律徵稅統入稅課銀內造報關期報

四〇九 兩廣總督福康安奏折

粤海關稅課盈餘及俄羅斯等國違禁易貨(乾隆五十六年二月十五日)

滿例應逐關備辦以五十四年九月二十六日起至五十五年九
月二十五日止作一年期滿報呈核計稅課西洋船進口則
於八九月間陸續起貨隨時上稅至冬間方能掃數起艙置
買內地貨物回帆出口歷來將船載之於本年春報其未
起未賣之貨應完稅銀則歸於下年核計是以五十五年
分所到船隻雖較上屆為少而所收稅銀半係上年進口之
貨稅計數目多收銀二萬六千二百兩零較之四十一二兩年
分俱多收銀五十三萬九千一百餘兩均係實徵實報連年
加增並無隱漏捏飾再查進口貨物內鐘表等項職以
聖諭飭民間需用之物銷售未能迅速近年以來如上等桌鐘

附件　徵收外洋及本港船進出口稅銀清單（乾隆五十六年二月十五日）

金表等物價昂售遲到廣無幾其粗鐘銀鋼殼表尚
常通用每年所到仍有數百件不等統計乾隆五十六年分
進口大小嗶嘰鐘時辰表及嵌表鼻烟盒等項止共一千二十
五件此外如羽呢珊瑚密蠟瑪瑙玻璃及洋參香料象
牙等項均屬細貨應稅較重餘皆棉花葉材粗重之物其
出口之貨俱係遵照則例開載准其買賣按則徵輸稅銀
關口層層稽核難容纖毫滲漏謹將五十六年分進出
口船貨及徵收正耗稅銀分晰開列簡明清單並繕
造黄冊恭呈
御覽臣等荷蒙

皇上簡畀隆恩身任地方既司榷務惟有實力實心隨時嚴
密不使違禁貨物稍有透越亦不敢例外苛徵
增税以仰副
聖主惠愛商旅之至意所有查明粵海關徵收
税課盈餘並無違禁貨物出入緣由理合會同恭摺具
奏伏祈
皇上睿鑒謹
奏
乾隆五十六年三月二十二日奉
硃批好些不好知道了欽此

二月十五日

附件　徵收外洋及本港船進出口税銀清單（乾隆五十六年二月十五日）

清單

謹將乾隆五十六年分自五十四年九月二十六日起至五十五年九月二十五日止所有外洋各國夷船并本港福潮各船進口出口及各口徵收税鈔等銀分晰開列清單恭呈

御覽

計開

暎咭唎國進口公司船十九隻港脚船三十七隻咪唎㗼國進口船十四隻嗊嘣國進口船五隻嗹國進口船一隻㘃囒哂進口船一隻

附件 徵收外洋及本港船進出口税銀清單(乾隆五十六年二月十五日)

以上七十七船係五十四年九月二十五日滿關後因各船内有進口貨物尚未起清出口貨物裝未滿載者照例歸入五十六年分徵報業於五十五年分奏銷續增經費册内報明在案理合聲明

進口細貨羽呢珊瑚洋參香料象牙等項共正税銀八萬九十一兩六錢五分四釐

粗貨棉花藥材等項共正税銀二萬九千一百八十五兩三錢七分七釐

出口細貨絲觔茶葉磁器等項共正税銀六萬三十四兩七錢七分九釐

附件　徵收外洋及本港船進出口稅銀清單（乾隆五十六年二月十五日）

粗貨氷糖白糖等項共正稅銀一萬二百四十二兩九錢六分四釐

共正稅銀十七萬九千五百五十四兩七錢七分四釐

耗担歸公等銀二十二萬五千八百十二兩二錢七釐

共銀四十萬五千三百六十六兩九錢八分一釐

暎咭唎國公司船二十四隻港脚船二十一隻

係乾隆五十四年九月二十六日起至五十五年九月二十五日止陸續進口作五十六

年分報徵理合聲明

進口細貨鐘標洋參香料象牙大呢羽紗嗶嘰等項共正稅銀十七萬五千二百六十四兩四錢二分八釐

粗貨棉花藥材等項共正稅銀四萬三百五十八兩一錢五分六釐

出口細貨絲觔茶葉磁器等項共正稅銀六千九十六兩二錢八分八釐

粗貨冰糖白鉛等項共正稅銀七千八百八十九兩三錢八釐

共正稅銀二十二萬九千六百八兩一錢八分

附件　徵收外洋及本港船進出口税銀清單（乾隆五十六年二月十五日）

船鈔耗担歸公等銀十七萬二千八百二十三兩九錢二分六釐
共銀四十萬二千四百三十二兩一錢六釐
咪唎堅船九隻
進口細貨洋參番錫玻璃瑪瑙等項共正税銀二萬三十四兩九錢二釐
粗貨棉花烏木海參等項共正税銀一千四百四十三兩三錢一分八釐
出口細貨茶葉梭布等項共正税銀四百六十七兩二錢二分五釐
粗貨土磁器等項共正税銀九十兩八錢一分

五釐
共正税銀二萬二千三十六兩二錢六分
船鈔耗担歸公等銀一萬九千九百二十二
兩二錢七分一釐
共銀四萬一千九百五十八兩五錢三分一釐
嗊嘶國船三隻
進口細貨羽緞燕窩等項共正税銀一萬九千
九百十五兩九錢一分八釐
粗貨黑鉛沙藤等項共正税銀一千六百四十
三兩六錢三分八釐
出口細貨磁器梭布茶葉等項共正税銀一千

一百二十六兩五錢二分四釐
粗貨棉花八角大料等項共正稅銀四百九十
四兩一錢七分四釐
共正稅銀二萬三千一百八十兩二錢五分四
釐
船鈔耗担歸公等銀一萬四千一百十三兩
七錢五分
共銀三萬七千二百九十四兩四釐
連國船一隻
進口細貨金銀線燕窩等項共正稅銀三百三
十七兩二錢八分五釐

附件 徵收外洋及本港船進出口税銀清單(乾隆五十六年二月十五日)

粗貨胡椒番鏭等項共正稅銀一百二十二兩一錢三釐
出口粗貨小木等項共正稅銀三錢五分四釐
共正稅銀四百五十九兩七錢四分二釐
船鈔耗担歸公等銀二千九百四十八兩八錢八釐
共銀三千四百八兩五錢五分
咈蘭哂國船一隻
進口細貨大青番錫等項共正稅銀一千五百九十六兩九錢四分三釐
粗貨番鏭洋白紙等項共正稅銀四百十二兩

六錢八分
出口粗貨小木等項共正税銀三錢八分九釐
共正税銀二千十兩一分二釐
船鈔耗担歸公等銀二千六百四十八兩一
錢九分
共銀四千六百五十八兩二錢二釐
本港洋船五隻
進出口粗細貨氷片象牙綢緞銀硃胡椒蘇木
藥材枝圓等項共正税銀四千九百二十二
兩四錢五分三釐
船鈔耗担歸公等銀二千四百四兩一錢五

分四釐
共銀七千三百二十六兩六錢七釐
福潮內地等船裝載土茶棉花京果藥材等項
共正税銀三萬五千三百二十二兩一錢六
分一釐
船鈔耗担歸公等銀一萬九千八百七十六
兩八錢八分二釐
共銀五萬五千一百九十九兩四分三釐
各子口共徵銀十六萬九千九百十八兩八錢
五分九釐

通
共徵收正耗等銀一百十二萬七千五百六
十二兩八錢八分三釐

四一〇 兩廣總督福康安奏折

審擬行商拖欠英商貨銀分別追還（乾隆五十六年三月十八日）

福 等 行商拖欠夷貨嚴審定

擬等由

奏 供單一 發○

四月初五日

臣福康安臣郭世勳臣穆克登布跪

奏為行商拖欠夷貨價銀嚴審定擬分別追還恭摺奏請

聖鑒事竊照外洋船隻番商來粵貿易向設洋行代為銷售一切貨價必須

隨時交楚方無流弊而商完餉項更應按期上納不容拖欠耽延

臣等自抵任後疊次申誡嚴行稽查查有吉泰行商吳昭平名

四一〇 兩廣總督福康安奏折
審擬行商拖欠英商貨銀分别追還
（乾隆五十六年三月十八日）

下五十六年分關餉銀五萬四百八十兩有零，應分十卯清完。又於關分
欠銀三千七十八兩零，均不照限完納，顯係花消虧缺。隨經密加訪
察，竟有拖欠番夷貨價之事。當即嚴切飭查，隨據英咭唎國
港腳夷商喝吡唎呅等呈告吳[illegible]昭平欠交番銀四十萬一千六百
一十二圓有零，懇請追給。經臣等嚴飭藩臬二司拘提吳昭平及原
保商人等到案究追，一面將該商田房貨物盡數密速查封估變，
并據造冊估報，憲擬詳解前來，復即會同集犯親加研鞫。緣吳
昭平即吳恰觀，捐納運同職銜，於乾隆四十七年承充豐泰
行商，接買夷人洋貨，詎該商不善經理，連年虧折，以致公
私積欠。乾隆五十四年揭買夷商喝吡唎咯等棉花洋參等貨，
共該銀一百零二萬三千餘兩，因市價平減，僅止賣銀七十餘萬

四一〇 兩廣總督福康安奏折

審擬行商拖欠英商貨銀分別追還(乾隆五十六年三月十八日)

兩核原價歸折銀二十餘萬兩除陸續交還外尚欠夷商番銀四
十萬一千六百一十二圓零五錢四分每圓七錢二分合算計重二十八萬
九千一百六十一兩一錢八分屢討未還等因該商名下應完關餉
及放關各項銀共五萬三千五百五十八兩有零未經按限完納隨
訪有拖欠夷人貨價情事當即嚴行飭查並據夷商唱咣咧臘
等具詞赴控飭司提拘究追查封家產變抵第因封變銀數無
多估價亦屬減少恐有隱寄經依情與後即嚴切駁查務將逐
加增估共計銀五萬九千三百六十三兩有零造冊呈報審擬詳解
並勒令原保各行商蔡世文等先將吳昭平未完餉項歸款
完清據請將查封家產一并價變除撥還代完餉項外餘銀
儘交夷貨價值不敷之數情愿公認分三還出具認狀並取該

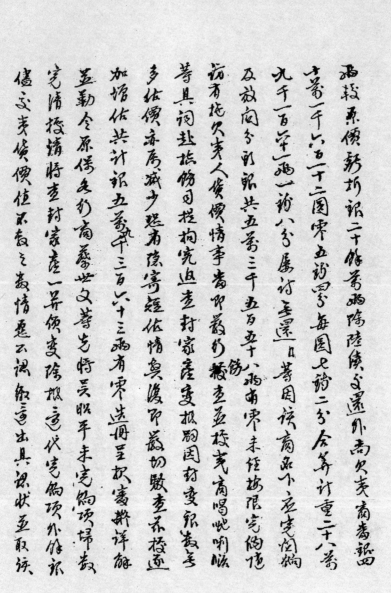

四一〇　兩廣總督福康安奏折

審擬行商拖欠英商貨銀分別追還
(乾隆五十六年三月十八日)

夷商等遂依呈敘前來。當經臣等提集人犯訊悉前情。覈
該吳昭平家產業已全行查封，此外並無另有隱匿寄頓，各行
商亦無代爲隱諱情弊。查例載交結外國誆騙財物發遣
邊遠充軍等語。又前督臣李侍堯條奏防範夷船規條案內
奏准，內地行店向夷人借貸勾結，照交結外國誆騙財物例
問擬。又乾隆四十五年行商顏時瑛、張天球等借欠暎咭唎
夷人銀兩照追，經前撫臣李質穎等奏擬發遣新疆，家產
不敷變抵者着落保商分年清還在案。今吳昭平既不將伊欠
項按限清完，又復拖欠夷商貨銀至二十八萬九千餘兩之多，殊
屬不法，即與誆騙無異。吳昭平應照交結外國誆騙財物發
遣邊遠充軍例，發遣邊遠充軍。但於嚴行整頓之時復敢任意

四一〇 兩廣總督福康安奏折

審擬行商拖欠英商貨銀分别追還

(乾隆五十六年三月十八日)

拖欠情殊可惡應請革去職銜從重發往伊犁當差以示懲
儆該商名下應完關餉分例等銀業經勒令原保各行商等
照數繳完即將吳昭平應變家產給令各商承變除抵完餉
項外餘銀五千八百五兩零先給夷人啫吨咧哈等收領為欠貨
價番銀二十八萬三千三百五十六兩有零現據原保各行商蔡世文
等情願照從前華商顏時瑛等之案設立公櫃將各行用銀
陸續扣收在於限五年內分作六次代還每次還銀四萬七千二
百二十六兩零本年首分應繳頭限銀兩已催據各商等如數
解繳臣等傳喚夷人當堂收領本年十二月應還一次及嗣
年應交銀兩飭令依限解給俟吳昭平欠項繳清即將公櫃
撤除該革商吳昭平原捐照執追出咨部查銷所有臣等

嚴審定擬分别追還各緣由理合會摺恭
奏另繕供單敬呈
御覽伏乞
皇上睿鑒訓示謹
奏 乾隆五十六年四月二十九日奉
硃批該部知道 欽此
三月十八日

四一一　粤海關監督額爾登布奏折

報解粤海關關税盈餘銀兩
(乾隆五十六年四月初八日)

奴才額爾登布跪

奏爲報明起解關税盈餘銀兩仰祈

睿鑒事。竊照粤海關每年起解正雜錢糧例應具摺

奏報。兹奴才自乾隆五十四年九月二十六日起

至五十五年五月十八日止,計七個月零二十

三日,共徵銀五十八萬八千三百五十兩四分

九釐。撫臣郭世勳兼署關務,自五月十九日起

至九月二十五日止,計四個月零七日,共徵銀

五十三萬九千二百十二兩八錢三分四釐。一

年期内通關各口共徵銀一百十二萬七千五

百六十二兩八錢八分三釐内正羡銀六十三
萬六千五百九兩九錢四分八釐雜羡銀四十
九萬一千五十二兩九錢三分五釐除照例於
正項内支出正額銀四萬兩銅斤水脚銀三千
五百六十四兩移交布政司庫取有庫收送部
查核又照例於雜羡内支出通關經費養廉工
食及鎔銷折耗等銀四萬二千七百二十九兩
四錢四分二釐又支出解交造辦處裁存備貢
銀五萬五千兩又支出節存水脚並解部飯食
銀六萬一千八百一兩五錢五分九釐尚存正

四一一 粵海關監督額爾登布奏折

報解粵海關關稅盈餘銀兩
(乾隆五十六年四月初八日)

羨銀五十九萬二千九百四十五兩九錢四分八釐雜羨銀三十三萬一千五百二十一兩九錢三分四釐共存正雜盈餘銀九十二萬四千四百六十七兩八錢八分二釐并節存水脚銀三萬四千七百五兩五錢一分八釐共存銀九十五萬九千一百七十三兩四錢又另解節存平餘罰料截曠等銀九千八百七十八兩三錢七分三釐查此項節存平餘罰料等銀係遵照

戶部

奏准於奏報盈餘摺內照數剔除入於本案報銷

四一一　粤海關監督額爾登布奏折　報解粤海關關税盈餘銀兩（乾隆五十六年四月初八日）

不歸併盈餘項下兹遵例恭疏
題報按款分批委員觧部外再查該年共到洋船
五十九隻共收銀一百十二萬七千五百六十
二兩八錢八分三釐比較歷來税數均有盈無
絀合并聲明所有前項税餉現於乾隆五十六
年三月二十五日自粤陸續起程合將收支數
目隨同餉銀恭摺
奏報伏乞
皇上睿鑒勅部核覆施行謹
奏

四一一　粵海關監督額爾登布奏折

報解粵海關關稅盈餘銀兩

(乾隆五十六年四月初八日)

額爾謹奏

乾隆五十六年四月初八日

四一二　粵海關監督額爾登布致軍機處呈文

洋商繳貯備貢銀兩起解送部
(乾隆五十六年五月初六日)

呈

管理粵海關監督事務熱河總管額　爲
呈明起解洋商繳貯備貢銀兩事竊照洋商蔡
世文等稟請代

四一二　粤海關監督額爾登布致軍機處呈文　洋商繳貯備貢銀兩起解送部
（乾隆五十六年五月初六日）

奏每年繳銀伍萬伍千両存貯關庫以備
貢用等情當經前監督穆　會同兩廣總督
據情代
奏欽奉
諭旨遇便解交造辦處欽此等因
奏准遵照辦理在案茲據洋商等繳到乾隆伍拾
陸年分備貢銀伍萬伍千両應同該年税餉銀
一併解交除批差委員附解外擬合呈明為此

合呈

軍機處察照並請交

造辦處查收施行須至呈者

右　　　　　　　　呈

軍　　機　　處

四一二　粵海關監督額爾登布致軍機處呈文
洋商繳貯備貢銀兩起解送部
（乾隆五十六年五月初六日）

乾隆伍拾陸年伍月　日

四一三　兩廣總督福康安奏折　清還行商拖欠英商貨銀

(乾隆五十六年七月十九日)

臣福等支給商欠夷貨
價銀
奏文
九月初二日

奏為遵
旨支給商欠夷貨價銀恭摺覆
奏事竊臣等接准
廷寄欽奉

四一三 兩廣總督福康安奏折

清還行商拖欠英商貨銀

(乾隆五十六年七月十九日)

上諭行商吳昭平揭買夷商貨價久未清還情殊可
惡應照擬發遣所欠銀兩雖將估變家產餘銀先給
夷商收領不敷之數各商分限代還但内地商人
拖欠夷商銀兩若不即為清欠轉致貽笑外夷著
福康安等即將關稅盈餘銀兩照所欠先給夷商
收領再令各商分限繳還歸款粤海關監督不能
早為清釐亦難辭咎所有五十四年以後監督等
俱著查明咨送議處等因欽此仰見我
皇上柔遠卹商敦崇大體而於
明罰敕法之中寓

四一三　兩廣總督福康安奏折　清還行商拖欠英商貨銀
(乾隆五十六年七月十九日)

仁育義正之道臣等再三跪誦欽戴難名當即飭據
洋商蔡世文潘致祥等稟稱此案被欠貨價夷
商計有十名內喝咃咧咍等六名現今尚在廣
東貿易其哎呦吆等四名俱已回國有商夥咿
唎咖咍等在粵代理貿易之事堪以給領不致
錯悞向來夷商交易俱係市平番銀吴昭平拖
欠該夷商等貨價除陸續交還外尚欠番銀二
十八萬九千一百六十一兩有零除將吴昭平
變產餘銀五千八百五兩又商等頭限代繳銀
四萬七千二百二十六兩有零先後給領之外

四一三　兩廣總督福康安奏折　清還行商拖欠英商貨銀（乾隆五十六年七月十九日）

實尚欠番銀二十三萬六千一百三十兩有零
按照時價平水折算每市平番銀一百兩折實
庫平紋銀九十兩計應實發紋銀二十一萬二
千五百一十七兩有零等情前來臣等伏查粵
海關盈餘稅課現在徵報銀四十三萬五千五
百五十餘兩當即會同照依行市時價折實銀
數支出傳集該夷商及行商通事人等敬將
聖主加惠遠夷恐因守候領銀稽遲時日先將公項
支給緣由明白宣諭當堂彈兑銀兩而分别給
發收領據各夷商等舉手過額欽感忻忭伏地

四一三　兩廣總督福康安奏折

清還行商拖欠英商貨銀
（乾隆五十六年七月十九日）

叩頭稟稱我等外國夷人距中華數萬餘里仰
蒙
大皇帝天地鴻恩許我等来廣貿易得獲遠邦未有
之物無可趁賺利息實出厚幸偶因吳昭平拖
欠貨價銀兩除追給外所有不敷之數各商照
限繳還本利已有著落即我等在本國交易拖
欠亦屬常情今蒙
大皇帝格外加恩將吳昭平照例治罪復又動撥官
項銀二十餘萬兩先行給發得以及早全收歸
國生生世世頂戴靡盡舉國君民聞之亦必共

四一三 兩廣總督福康安奏折

清還行商拖欠英商貨銀

（乾隆五十六年七月十九日）

深感仰我等夷人無可圖報惟有虔祝
大皇帝萬壽萬萬壽等語復各免冠連連叩首詞色
實出至誠隨又加以慰諭咸各歡欣恭謹出具
領狀存案並據行商蔡世文等跪稱洋商吳昭
平經理不善以致拖欠夷貨價銀至二十八萬
餘兩之多仰荷
聖主寬仁僅予發遣不加重治其罪商等俱係原保
理應如數立時賠還惟因數多力薄懇准分限
繳給今沐
天恩先行撥項給發商等得以從容分繳感激

鴻慈實難言罄臣等當飭照限分別繳還歸款並又
諄切誠諭凡係夷貨交易價銀務須隨時清結
毋許絲毫拖欠致干罪戾至吳昭平係自乾隆
五十四年十月起拖欠夷商銀兩未還臣額
等正署各任不能早為清釐實屬咎無可
逭現已開列職名咨送吏部及內務府聽候議
處嗣後惟有實力稽查隨時釐剔不使行商人
等再有帶欠期以仰副
聖主恩卹遠人昭示整飭之至意所有臣等遵
旨辦理緣由相應恭摺覆

四一三　兩廣總督福康安奏折

清還行商拖欠英商貨銀
(乾隆五十六年七月十九日)

奏伏乞

皇上睿鑒謹

奏

乾隆五十六年九月初二日奉

硃批覽欽此

七月十九日

四一四　廣東巡撫郭世勛奏折

粤海關歷年征收税務比較
(乾隆五十六年十月二十九日)

代理粤海關監督印務廣東巡撫臣郭世勳跪

奏爲恭報通年徵收關税仰祈
聖鑒事竊照粤海關徵收正雜盈餘銀兩例應一年
期滿先將總數
奏明俟查核支銷確數分欵造冊委員觧部仍另
行具
題歷經遵照辦理案查乾隆四十六年二月十三
日承准户部劄行奉
旨粤海關經徵課税向來原視洋船之多少貨物之

粗細以定盈絀非厰墅等關徵收内地貨物者可
比嗣後該部查核粤海關徵收課税即以該年之
船隻貨物核實考察毋庸照各關例照上三届比
較欽此欽遵在案又於乾隆四十七年四月内經
户部議准粤海關税銀以乾隆四十一二兩年
作爲比較亦在案兹乾隆五十七年分奴才於
五十五年九月二十六日兼管關務起至十月
十一日止計十六日監督額爾登布於十二日
接管起至五十六年九月十八日止計十一個
月零七日奴才又於十九日兼管起至九月二

四一四　廣東巡撫郭世勳奏折　粵海關歷年征收税務比較（乾隆五十六年十月二十九日）

十五日止計七日一年期滿通關各口共徵收正雜盈餘銀九十九萬五千八百八十二兩零查上屆五十六年分共到洋船五十九隻徵銀一百一十二萬七千五百六十二兩零今五十七年分共到洋船三十八隻徵銀九十九萬五千八百八十二兩零較上屆少到洋船二十一隻少徵銀十三萬一千六百八十兩零除遵照部限陸續徵收俟起解該年關税時將應行支銷及應解銀兩數目列款造冊分别具題報部查核外所有粵海關一年期滿徵收税銀

四一四　廣東巡撫郭世勳奏折　粵海關歷年征收稅務比較
（乾隆五十六年十月二十九日）

總數理合恭摺具
奏伏乞
皇上睿鑒謹
奏
覽

乾隆五十六年十月　二十九　日

四一五 粵海關監督盛住奏折

接收交代粵海關關稅銀數

(乾隆五十七年正月初三日)

盛住 接收交代關稅銀數

奏 文〇

二月十二日

奴才盛住跪

奏為恭報接收交代關稅銀數仰祈

睿鑒事竊奴才荷蒙

聖恩補放粵海關監督業將到任接印日期恭疏

題報並繕摺叩謝

四一五 粵海關監督盛住奏折

接收交代粵海關關稅銀數

(乾隆五十七年正月初三日)

天恩在案茲查前監督額爾登布任內自乾隆五十五年九月二十六日起至五十六年九月十八日止計十一個月零二十二日又撫臣郭世勳接管任內自九月十九日起至十二月十四日止計兩個月零二十六日二共一年零兩個月十九日通關各口共收銀一百二十七萬一千六百八十三兩三錢八分六厘內除支銷通關經費銀三萬七千九十九兩六錢六分三厘又支借豐泰行墊還夷欠銀二十一萬二千五百一十七兩一錢三分五厘應存銀一百二萬二千六十六兩五錢八分八厘內除洋行代夷商報納未經完繳銀三十五萬五千五十三兩八錢七厘又各口留撥兵餉及已經解銀五萬七千九百八十四兩一錢五厘實在存庫銀六十萬九千二十八兩六錢七分六厘又另存平餘罰料截曠等銀二千七百一十六兩八錢四分一厘二共存銀六十一萬一千七百四十五兩五錢一分七厘奴才俱按

冊逐款查明接收清楚至各行洋商未繳銀兩准撫臣郭世勳取具
行商認狀移送存據查係照前監督李質穎
奏明統於滿關後六個月內繳清起解之例辦理雖係照例之事奴才仍
不時嚴催務令限內全完交納 奴才感沐
聖主高厚鴻慈俾任海關榷政凡各口應行查辦一切裕課通商剔弊招徠
事宜惟有竭心經理籌酌妥善舉行以冀稅額充足稍罄犬馬愚忱
於萬一所有接收關稅銀數清楚緣由理合恭摺
奏報伏乞
皇上睿鑒謹
奏

四一五 粵海關監督盛住奏折

接收交代粵海關關稅銀數

(乾隆五十七年正月初三日)

乾隆五十七年二月十二日奉

硃批覽欽此

正月初三日

四一六 署理兩廣總督郭世勳奏折

英美商人懇請照常買運大黃

(乾隆五十七年三月初二日)

奏
署兩廣總督廣東巡撫臣郭世勳
粵海關監督臣盛住謹
奏為據情奏懇
天恩俯准照常買運以惠遠夷事竊照內地大黃經
督臣福康安
奏准西洋各國每年每國販買不得過五百觔以
杜漏入俄羅斯境內省城洋行及澳門商人俱
遵照禁令將售賣大黃數目并賣與何國夷人
均於洋船啟棹之先分晰列册呈繳南海香山
二縣通詳移行守口文武員弁按册稽查如有
夾帶多買嚴拿行商通事治罪自奉行以來並

四一六　署理兩廣總督郭世勳奏折

英美商人懇請照常買運大黄（乾隆五十七年三月初二日）

無額外夾帶及透漏與俄羅斯私相交易之事
茲據洋行商人蔡世文等呈稱據唤咭唎咪唎
嘡等國夷商嗷唎哇等向商等稱説恭聞
大皇帝現准俄羅斯開關通市貨物應自一體流通
衆情甚爲感悦内大黄一項實係我等各國治
病要藥懇請照從前隨便買運免定限制其海
龍等項皮張並懇一視同仁將來船隻進口准
起上省城售賣照例輸税洵爲恩便諄囑代爲
籲請商等不敢壅蔽理合據情轉呈等由前來
臣等伏查藥料内大黄一項爲民間療病所必
需本不在查禁之列嗣因洽克圖不准與俄羅

四一六　署理兩廣總督郭世勛奏折
英美商人懇請照常買運大黄
(乾隆五十七年三月初二日)

斯通市而外洋各國多與俄羅斯海道可通是
以酌定章程嚴禁私販每年只准攜帶五百觔
俾資療疾使其僅敷自給不能轉售他境經軍
機大臣議
奏令該督等轉飭通事明切曉諭以
天朝因不與俄羅斯通市恐各該國多販大黄轉售
是以不准多帶非於各該國有所靳惜俟俄羅
斯通市之後仍聽照常賣運毋庸復設禁防等
因奉
旨依議欽此欽遵在案是於查禁透漏之中仍寓惠
卹遠夷之意茲閲邸抄俄羅斯仰蒙

四一六　署理兩廣總督郭世勛奏折

英美商人懇請照常買運大黄
(乾隆五十七年三月初二日)

皇上天恩准其開關通市大黄爲外洋諸夷所亟需
治病之藥若仍令照數購帶不敷濟用未免向
隅今據該行商等轉禀前情核與軍機大臣議
覆督臣福康安原
奏相符似應仰懇
聖慈俯如所請將大黄仍准各夷商照常買運免其
限以五百觔定數俾遐遠夷民得除疵癘之被
共臻壽域該夷等感沐
高厚生成自必倍昭恭順至海龍黑狐皮張詢據洋
商僉稱委係嘆咭唎國出産並非向俄羅斯國
買運來廣奉禁之後少此一宗貨物夷商資本

四一六　署理兩廣總督郭世勛奏折

英美商人懇請照常買運大黄

(乾隆五十七年三月初二日)

未免積壓等語亦屬實情可否一併准其攜帶
進口起貯省城售賣以順輿情之處出自
聖主恩施如蒙
允准嗣後内港出海船隻並請一律免禁所有應征
税餉仍飭照例輸納理合據情恭摺會
奏是否有當伏乞
皇上睿鑒訓示謹
奏
姑如所請行
乾隆五十七年三月初二日

四一七 粤海關監督盛住奏折

查看税口起程日期(乾隆五十七年三月初八日)

奴才盛住謹

奏爲恭

奏查看税口起程日期仰祈

睿鑒事竊奴才仰沐

天恩畀以粤海關監督之任所轄大小税口之内惟

澳門一口在香山縣之南前臨大海爲洋船總

滙之要區其澳内夷人集居不下數百餘户該

口最關緊要奴才到任後體訪夷情靡不感激

皇上柔遠深恩傾心恭順現在極稱安静奴才身任

四一七　粤海關監督盛住奏折

查看税口起程日期(乾隆五十七年三月初八日)

監督尤應親赴該處宣播
皇仁廣爲招徠俾其踴躍貿易凡海口之要隘船隻
之出入經奴才親自查閲之後得其實在情形
則一切積弊自當實力剔除於
國課庶有裨益茲奴才於三月初九日自省起程
由黄埔而至澳門查竣之後再由新會縣屬之
江門南海縣屬之佛山等口回省往返不過十
餘日所有税務事宜奴才帶印前往沿途辦理
不致貽悮理合將前赴澳門各口起程日期恭
摺具

四一七 粵海關監督盛住奏折

查看稅口起程日期(乾隆五十七年三月初八日)

奏伏乞
皇上睿鑒謹
奏
毋多事毋忽略

乾隆五十七年三月初八日

四一八　廣東巡撫郭世勳奏折

葡萄牙人竇雲山等請求進京效力
（乾隆五十七年三月十六日）

署理兩廣總督印務廣東巡撫臣郭世勳跪

奏為奏

聞請

旨事。據廣東布政使許祖京轉據署廣州府海防同知許永禀稱，本年二月二十日據嶴門夷目唩嚟哆禀稱，有本國西洋人一名竇雲山，年三十六歲；一名慕王化，年二十七歲，俱諳曉推算天文。該國王着令伊等赴京効力等情，禀報前來。

臣伏查乾隆四十九年欽奉

四一八　廣東巡撫郭世勳奏折

葡萄牙人賓雲山等請求進京效力
（乾隆五十七年三月十六日）

上諭到京西洋人已敷當差嗣後可毋庸選派俟將來人少需用之時另行聽候諭旨欽此欽遵在案今西洋人賓雲山慕王化二名諳曉推算天文該國王着令赴京當差情殷効力可否准其進京之處理合專摺奏
聞恭候
諭旨遵行伏乞
皇上睿鑒謹
奏

四一八　廣東巡撫郭世勛奏折

葡萄牙人竇雲山等請求進京效力

(乾隆五十七年三月十六日)

令其來京可也

乾隆五十七年三月　十六　日

四一九　粤海關監督盛住奏折

查看澳門各稅口事竣回署
(乾隆五十七年三月二十四日)

奴才盛住謹
奏爲恭報查看稅口情形事竣回署日期仰祈
聖鑒事竊奴才於三月初九日自省帶印起身前赴
澳門各口稽查稅務業經恭摺
奏明在案兹奴才帶同通事等於十三日行抵澳
門稅口隨調查該口日征親填各簿詳加核算
俱係實征實報並無侵隱細訪在口之各丁役
俱知畏法亦無格外需索等弊澳門查畢順道
至江門佛山等口奴才隨調齎該口親填各簿
核查并詢之近地商販民人咸稱往來稅貨俱

四一九　粤海關監督盛住奏折
查看澳門各税口事竣回署
（乾隆五十七年三月二十四日）

照例征收委無多收情弊奴才復嚴飭各口家
丁書役人等務須守法奉公毋許絲毫苛索仍
不時留心查察有犯必懲斷不敢稍為寬縱以
冀仰副
聖主柔遠恤商之至意奴才稽查事竣於本月二十
二日回署所有查看各税口情由及回署日期
理合恭摺
奏報伏乞
皇上睿鑒謹

四一九　粵海關監督盛住奏折

查看澳門各税口事竣回署
(乾隆五十七年三月二十四日)

知道了

奏

乾隆五十七年三月　二十四　日

四二〇 廣東巡撫郭世勳奏折

粵東洋鹽各商捐餉以備凱旋之用
（乾隆五十七年四月初三日）

署理兩廣總督印務廣東巡撫臣郭世勳
粵海關監督臣盛住跪

奏為粵東洋鹽各商呈請敬効微忱據情代
奏籲懇
聖恩俯准事竊臣等據洋行商人蔡世文潘致祥石
中和陳鈞華楊岑龔伍國釗許永清盧觀恒葉
上林伍忠誠等呈稱商等素業洋行仰沐
皇仁懋遷販易復荷

四二〇 廣東巡撫郭世勳奏折

粤東洋鹽各商捐餉以備凱旋之用
(乾隆五十七年四月初三日)

恩施體恤停止例辦洋貨俾轉運益得從容生計各
增饒裕商等雖分居微末具有天良感激
殊恩直淪肌髓兹聞科爾喀賊匪滋擾後藏致煩興
師遠涉此等邊徼幺魔定自
天奪其魄恭閱邸抄忻知上年冬間口外並無大雪
官兵行程迅速皆
皇上念切邊陲感荷
天庥所致指日即可殲除自不致多糜軍餉惟商
僻處粤省不克効力行間躬覩報捷情愿敬
銀三十萬兩以備凱旋

四二〇　廣東巡撫郭世勳奏折

粵東洋鹽各商捐餉以備凱旋之用
(乾隆五十七年四月初三日)

賞賚之需稍展下悃懇請於粵海關現年税課盈餘
項下先行借支分作六年完觧等情又據鹽務
局商陳維屏温永裕劉倬麥廣源張履和等運
商李念德陳建業陳振興莊如山林鍾茂等向
臣郭世勳各呈稱商等承辦兩粵鹽務世受
皇上豢養深仁凡令額引之折輸悉荷
聖慈之優渥近自改綱以來埠地各有起色商力亦
自此展舒情愿敬備西藏凱旋
賞賚銀三十萬兩於無可報効之中稍伸芹曝微忱
惟因商等埠地遠隸江楚各省未能即時彙集

四二〇　廣東巡撫郭世勛奏折

粵東洋鹽各商捐餉以備凱旋之用
（乾隆五十七年四月初三日）

籲懇在已經繳貯藩庫原領
帑本項下仍行借支自壬子年五月起分作六年
歸完原欵等因臣等查粵省洋鹽兩商疊被
鴻慈已無不共深感戴今該商等呈請共勷捐銀六
十萬兩察其情詞懇切實出悃誠不敢壅於上
聞理合據情代
奏伏乞
皇上睿鑒
俯賜恩准謹
奏

四二〇　廣東巡撫郭世勛奏折

粤東洋鹽各商捐餉以備凱旋之用

(乾隆五十七年四月初三日)

另有諭部

乾隆五十七年四月　初三　日

四二一　粤海關監督盛住奏折

報解粤海關雜項銀兩送部
（乾隆五十七年四月二十四日）

奴才盛住謹

奏為報明起解雜項銀兩事竊照粤海關每年起

解正雜銀兩例應具摺

奏報茲查署兩廣總督廣東撫臣郭世勳兼管關

務任内自乾隆五十五年九月二十六日起至

十月十一日止計十六日共收銀八萬八千六

百九十九兩一錢二分四釐前監督額爾登布

管關任内自十月十二日起至五十六年九月

十八日止計十一個月零七日共收銀八十三

萬六千六百五十兩二錢四分七釐又撫臣郭

世勳兼管關務任内自九月十九日起至二十五日止計七日共收銀七萬五百三十三兩一錢五分二釐前後三任計一年期内共收銀九十九萬五千八百八十二兩五錢二分三釐内正項盈餘銀五十四萬八千五百九十二兩八錢二分一釐雜項盈餘銀四十四萬七千二百八十九兩七錢二釐除照例於正項内支出銀四萬兩并銅斤水脚銀三千五百六十四兩移交布政司庫取有庫收送部查核又除照例於雜項内支出通關經費養廉工食以及鎔銷折

四二一　粤海關監督盛住奏折
報解粤海關雜項銀兩送部
(乾隆五十七年四月二十四日)

耗等銀四萬八百五十一兩三錢五分九釐又
除支出解交造辦處裁存備貢銀五萬五千兩
又除支出解部節存水脚并部科飯食等銀五
萬四千二百二十三兩二錢七分一釐尚存正
羡銀五十萬五千二十八兩八錢二分一釐雜
羡銀二十九萬七千二百一十五兩七分二釐
共存正雜盈餘銀八十萬二千二百四十三兩
八錢九分三釐乾隆五十六年六月二十九日
接准户部劄行兩廣總督福康安等奏豐泰行
吴昭平拖欠番夷貨價銀兩一案奉

四二一　粵海關監督盛住奏折

報解粵海關雜項銀兩送部
（乾隆五十七年四月二十四日）

旨在於關稅盈餘銀內先行給還夷商銀二十一萬
二千五百一十七兩一錢三分五釐分作五年
繳還除本年據洋商蔡世文等繳還銀四萬二
千五百三兩四錢二分七釐尚未完銀一十七
萬一十三兩七錢八釐又接准戶部劄行撥解
貴州省兵餉銀四十萬兩又撥解廣東省兵餉
銀三十萬兩查前項共存正雜盈餘銀八十萬
二千二百四十三兩八錢九分三釐內除借還
豐泰行夷欠各洋商分限未還銀一十七萬一
十三兩七錢八釐又除撥解貴州省兵餉銀四

四二一 粵海關監督盛住奏折

報解粵海關雜項銀兩送部
(乾隆五十七年四月二十四日)

十萬兩尚存正雜盈餘銀二十三萬二千二百
三十兩一錢八分五釐儘數撥解廣東省以備
兵餉其不敷撥解之銀現已呈明戶部請於下
年盈餘銀內撥補足數所有粵海關乾隆五十
七年分征收正雜銀兩全數支撥完訖毋庸解
部理合聲明茲遵將節省水脚銀三萬七百六
十三兩一錢八分九釐又另解節存平餘罰料
截曠等銀六千七百二十四兩四錢六分八釐
查此項平餘罰料截曠等銀遵照戶部
奏准於奏報盈餘摺內按數剔除入於本案報銷

四二一 粵海關監督盛住奏折
報解粵海關雜項銀兩送部
(乾隆五十七年四月二十四日)

不歸併盈餘項下又查解部稅銀每千兩向有
加平銀一十五兩今解貴州省并廣東省兵餉
銀六十三萬二千二百三十兩一錢八分五釐
所有加平毋庸添入計溢出銀九千四百八十
三兩四錢五分三釐一併聲明另欵解部除遵
例具疏
題報按欵分批委員解部於乾隆五十七年三月
二十八日自粵起程外所有錢糧收支數目理
合恭摺
奏報伏乞

四二一　粵海關監督盛住奏折

報解粵海關雜項銀兩送部
（乾隆五十七年四月二十四日）

皇上睿鑒勅部核覆施行謹

奏

該部議奏

乾隆五十七年四月　二十四　日

四二二 内閣奉上諭

粵東洋鹽商人蔡世文等情願捐銀著照例獎叙(乾隆五十七年閏四月初五日)

乾隆五十七年閏四月初五日内閣奉

上諭郭世勳等奏粵東洋鹽各商蔡世文陳維屏等呈稱現聞大兵進勦廓爾喀賊匪情愿共捐銀六十萬兩以備凱旋賞賚之需等語廓爾喀賊匪滋擾後藏不過邊徼幺麽指日即可殲除自不致多糜軍餉今既據郭世勳等奏稱該商等再四籲懇情詞肫切著准其共捐銀三十萬兩並准其于本年五月起分作六年完款所有捐餉之洋鹽商人著該署督等查明咨部照例議叙欽此

四二三 廣東巡撫郭世勛奏折

西洋人賓雲山請求隨帶徒弟王天雲進京效力(乾隆五十七年七月十六日)

郭世勳

洋人賓雲山等赴京效力

奏

交○

八月二十旨

署兩廣總督廣東巡撫臣郭世勳跪

奏為恭摺奏

聞事竊照西洋人賓雲山慕王化二名諳曉推算天文情願

赴京效力經臣恭摺奏蒙

允准當即轉行遵照一面委員伴送進京嗣據南海縣

四二一三　廣東巡撫郭世勳奏折

西洋人寳雲山請求隨帶徒弟王天雲進京效力（乾隆五十七年七月十六日）

知府趙鴻文呈稱寳雲山當隨帶徒弟王天雲一
名懇請一併赴京効力復經飭據廣東布
政使許祖京詳據廣州府轉飭南海縣查詢寳雲山
所帶王天雲實係隨伊學習天文徒弟今雲山仰蒙
恩准赴京王天雲遠自本地相隨茲今留住粵省澳門地方
殊形遠隔懇求准令携帶以資服役所請准其一併
進京等情轉詳前來臣查寳雲山所帶徒弟王
天雲涉歷重洋相隨至粵既據情願携帶効力係出
自遠人向化之誠應請准其一并伴送赴京以廣

四二一三　廣東巡撫郭世勳奏折

西洋人實雲山請求隨帶徒弟王天雲進京效力(乾隆五十七年七月十六日)

聖主柔遠之至意。現據該洋人賫雲山等擬於七月十一日起
程，隨給咨委員龍川縣通衢司巡檢徐璦伴送赴京，并
咨部外，謹恭摺奏
聞，伏乞
皇上睿鑒。謹
奏。
乾隆五十七年　月十六日
硃批：已。欽此
七月廿六日

四二四　署理兩廣總督郭世勳奏折
英王遣使馬戛爾尼進京祝壽
（乾隆五十七年九月初七日）

署理兩廣總督印務廣東巡撫臣郭世勳
粤海關監督臣盛住跪

奏為奏
聞事竊本年九月初三日據洋商蔡世文等禀有嘆
咭唎國夷人啵朗啞哩啘嚽哐等來廣求赴總
督暨粤海關衙門具禀事件臣等當即會同傳
見據呈該國字禀二紙隨令通事及認識夷字

四二四　署理兩廣總督郭世勳奏折

英王遣使馬戛爾尼進京祝壽
（乾隆五十七年九月初七日）

之人譯出原禀二件稱係該國王因前年
大皇帝八旬萬壽未及叩祝令遣使臣嗎嘎爾呢進
貢由天津赴京懇求先爲
奏明等語臣伏思前年恭遇
皇上八旬萬壽中外臚懽凡邊塞夷王酋長駢集都
下真曠古未逢之盛事今暎咭唎國王遣使臣
涉歷重洋遠道祝
蝦具見凡有血氣莫不尊親芹曝微忱自可仰邀
垂鑒惟是外夷各國凡遇進

四二四　署理兩廣總督郭世勳奏折
英王遣使馬戛爾尼進京祝壽
(乾隆五十七年九月初七日)

貢俱由例准進口省分先將副表貢單呈明督撫
奏奉
允准之後委員伴送使臣齎帶貢物赴京呈
進而暎咭唎國歷來在粤東通商今欲赴天津進
口該國王又無副表貢單照會到臣所遞禀札
僅據該國管理買賣頭目啲𡁻嘧哋陌嚧差遣
齎投臣等未便冒昧遽行具
奏隨又詢以係何貢物何時開船據稱該夷人起
程之時貢船尚未開行約於八月自本國起程

四二四　署理兩廣總督郭世勛奏折

英王遣使馬戛爾尼進京祝壽
(乾隆五十七年九月初七日)

明年二三月可到天津至貢物尚在備辦伊等不知是何名目又貢品繁重由廣東水陸路程到京紆遠恐有損壞此時已由洋海徑赴天津僞人等無從查探各等語臣等再四思維夷船進口向例定有停泊省分若任由擇地收泊於事非宜現在若再照會該國王令其至粵候旨遵行則洋海遼濶往返無時且稱徑赴津口不能查探而該國王既出感戴悃忱雖表文貢物及果否已經起程臣等屢次查詢不得確切真情

四二四　署理兩廣總督郭世勳奏折　英王遣使馬戛爾尼進京祝壽（乾隆五十七年九月初七日）

亦未便意爲懸揣理合據實具
奏並將該頭目原禀及譯出底稿一併進呈
御覽如蒙
聖恩准其在天津進口則所歷浙閩各省海道誠恐
有風帆收泊各口岸之事請
敕下浙閩及直隸省各督撫飭令所屬查驗放行由
天津進京是否如斯伏候
皇上聖明訓示謹
奏　乾隆五十七年九月　初七　日

硃批：另有旨

四二五　署理兩廣總督郭世勳奏折

報告粤海關征收關稅銀總數

（乾隆五十七年九月二十四日）

署兩廣總督廣東巡撫奴才郭世勳
粤海關監督奴才盛住跪

奏爲恭報通年征收關稅銀數仰祈
聖鑒事竊照粤海關征收正雜盈餘銀兩例應一年
期滿先將總數
奏明俟查核支銷確數分款造册委員解部仍另
行具
題歷經遵照辦理案查乾隆四十六年二月十三
日承准户部劄行奉
旨粤海關經征税課向來原視洋船之多少貨物之
粗細以定盈絀非滸墅等關征收内地貨物者可

四二五　署理兩廣總督郭世勛奏折

報告粤海關征收關税銀總數
（乾隆五十七年九月二十四日）

比嗣後該部查核粤海關征收税課即以該年之
船隻貨物核實考察毋庸照各關例照上三届比
較欽此欽遵在案又於乾隆四十七年四月内經
户部議准粤海關税銀以乾隆四十一二兩年
作爲比較亦在案兹乾隆五十八年分粤海關
税銀奴才郭世勳於五十六年九月二十六日
兼管關務起至十二月十四日止計兩個月零
十九日奴才盛住於十二月十五日到任接管
起連閏扣至五十七年八月二十五日止計九
個月零十一日一年期滿共到洋船五十五隻

四二五　署理兩廣總督郭世勛奏折

報告粤海關征收關税銀總數
(乾隆五十七年九月二十四日)

通關各口共征收正雜盈餘銀一百一萬一千
四百二十六兩零比較上屆多收銀一萬五千
五百四十三兩零即照四十一二兩年額定比
較亦均有盈無絀除依限起解將支銷及應解
數目列款造冊分別
題報外所有粤海關一年期滿征收税銀總數理
合恭摺具
奏伏乞
皇上睿鑒謹
奏
知道了

四二五　署理兩廣總督郭世勛奏折

報告粵海關征收關稅銀總數

(乾隆五十七年九月二十四日)

乾隆五十七年九月二十四日

四二六　閩浙總督覺羅伍拉納奏折

查明閩省各海口并無私帶絲斤出洋
(乾隆五十七年九月二十六日)

奏

閩浙總督臣覺羅伍拉納跪

奏爲查明閩省各海口並無私帶絲斤等項出洋

循例具

奏事。竊照絲斤私出外洋,令各省督撫嚴行查禁,

並於年底將有無拿獲奸商私販之案專摺奏

聞。又綢緞綿絹等物一體嚴禁出洋,嗣於乾隆二十

九年准户部咨海洋内外商船每年許配土絲
一千斤二蠶粗絲一千斤俟三年後内地不致
絲少價昂再請酌增斤數各等因遵照在案兹
據布政使伊轍布按察使戚蓼生詳稱查乾隆
五十七年分沿海之福州泉州漳州興化福寧
臺灣等府屬出口船隻均經督飭各汎口文武
員弁嚴密稽查所帶土絲二蠶粗絲俱照部定
斤數配帶並無奸商私販頭蠶絲斤及綢緞綿
絹等物夾帶出洋情事遵例請

四二六　閩浙總督覺羅伍拉納奏折

查明閩省各海口并無私帶絲斤出洋
（乾隆五十七年九月二十六日）

奏前來臣覆查無異理合恭摺具
奏伏祈
皇上睿鑒再福建巡撫印務係臣兼署毋庸會銜合
并陳明謹
奏
覽奏俱悉[illegible]

乾隆五十七年九月　二十六　日

四二七　大學士和珅奏折

復查粤海關關税事(乾隆五十七年十一月初十日)

和等　覆奏粤海關税務由

奏

經筵日講起居注官太子太保文華殿大學士管理户部事務忠襄伯臣和珅等謹

奏爲奏明請

旨事内閣抄出署理兩廣總督廣東廵撫郭世勲粤

海關監督盛住奏稱竊照粤海關徵收正雜贏

四二七　大學士和珅奏折　復查粤海關關税事(乾隆五十七年十一月初十日)

餘銀兩例應一年期滿先将總數奏明俟查核
支銷確數分款造冊委員觧部仍另行具題歷
經遵照辦理在案兹乾隆伍拾陸年玖月貳拾
陸日臣郭世勲兼管關務起至拾貳月拾肆日
止計兩個月零拾玖日臣盛住於拾貳月拾伍
日到任接管起連閏至伍拾柒年捌月貳拾伍
日止計玖個月零拾壹日一年期滿共到洋船
伍拾伍隻通關各口共徵収正雜贏餘銀壹百

四二七　大學士和珅奏折　復查粤海關關税事(乾隆五十七年十一月初十日)

壹萬壹千肆百貳拾陸兩零比較上屆多収銀壹萬伍千伍百肆拾叁兩零除依限起觧將支銷及應觧數目列款造冊分別題報所有粤海關一年期滿徵収税銀總數理合恭摺具奏等因乾隆伍拾柒年拾月貳拾玖日奉

硃批知道了欽此欽遵於拾壹月初貳日抄出到

部　臣等查得乾隆肆拾伍年拾貳月内臣部議覆原任粤海關監督圖明阿奏報乾隆肆拾叁年分贏餘少収案内欽奉

四二七　大學士和珅奏折

復查粵海關關税事(乾隆五十七年十一月初十日)

諭旨粵海關經徵税課向來原視洋船之多少貨物之粗細以定盈絀非滸墅等關徵収内地貨物者可比嗣後該部查核粵海關徵収課税即以該年之船隻貨物核實考察毋庸照各關例將上三屆比較欽此欽遵在案今據署理兩廣總督廣東巡撫郭世勳粵海關監督盛住奏報該關自乾隆伍拾陸年玖月貳拾陸日起連閏至伍拾柒年捌月貳拾伍日止一年共到洋船伍拾伍隻通關各口共収正雜贏餘銀壹百壹萬壹千肆百

四二七 大學士和珅奏折 復查粵海關關稅事(乾隆五十七年十一月初十日)

貳拾陸兩零臣部按數查核除額稅銅斤水脚銀肆萬叁千伍百陸拾肆兩外計贏餘銀玖拾陸萬柒千捌百陸拾貳兩零比較上屆伍拾陸年分多收銀壹萬伍千伍百肆拾叁兩零自應

遵照

諭旨以到關之船隻多少貨物粗細核實考察但查該關上屆乾隆伍拾陸年分到關洋船叁拾捌隻計贏餘銀玖拾伍萬貳千叁百壹拾捌兩零伍拾伍年分到關洋船伍拾玖隻計贏餘銀壹

四二七 大學士和珅奏折

復查粤海關關税事(乾隆五十七年十一月初十日)

百捌萬叁千玖百玖拾捌兩零今本年到關洋
船伍拾伍隻共收贏餘銀玖拾陸萬柒千捌百
陸拾貳兩零比之上屆伍拾陸年分到關洋船
叁拾捌隻計多到洋船壹拾柒隻僅多收贏餘
銀壹萬伍千伍百肆拾叁兩零比之伍拾伍年
分到關洋船伍拾玖隻雖少到洋船肆隻而徵
收贏餘竟短至壹拾壹萬陸千壹百叁拾餘兩
之多若不責令賠補誠恐將來逐漸短絀於榷
政無裨相應奏明請

四二七　大學士和珅奏折　復查粵海關關稅事(乾隆五十七年十一月初十日)

旨將該關該年徵収贏餘銀兩比較伍拾伍年分計
短少銀壹拾壹萬陸千壹百叁拾捌兩零著落
管關之督撫及該監督等各按經徵月日照數
賠補以重
國課爲此謹
奏請
旨
乾隆伍拾柒年拾壹月　初拾　日經筵講官起居注官太子太保文華殿大學士管理戶部事務忠襄伯臣和　珅
太子少保戶部尚書臣福長安

四二七　大學士和珅奏折　復查粤海關關稅事（乾隆五十七年十一月初十日）

經筵講官太子少保戶部尚書臣董誥
戶部左侍郎臣松筠
戶部左侍郎臣蔣賜棨
戶部右侍郎臣阿迪斯
戶部右侍郎臣韓鑅

乾隆五十七年十一月初十日奉
旨：此項短少盈餘十一萬六千一百三十八兩零，本應著落
該督撫及該監督照數賠補，但念爲數較多，現在
降諭旨所定章程查核辦理，而有此次短少盈餘銀
兩，著於郭世勳、盛住各賠銀一萬兩，餘著加恩寬
免。欽此。

四二八　直隸等省督撫奉上諭

英國派使進貢各近海口岸遇貢船收泊須隊伍齊整以肅觀瞻(乾隆五十八年正月十八日)

大學士公阿　大學士伯和　字寄
直隸山東江南閩浙廣東各督撫　乾隆五十八年正月十八日奉
上諭上年據郭世勳奏嘆咭唎國夷人啵嘲啞晚嘖啞等來廣禀稱該國王因前年大皇帝八旬萬壽未及叩祝今遣使臣嗎嘎爾呢進貢由海道至天津赴京等語並譯出原禀進呈閱其情詞極為恭順懇摯因俯允所請以遂其航海向化之忱並以海洋風信靡常該貢使船隻或於閩浙江南山東等處近海口岸收泊亦未可定因降旨海疆各督撫如遇該國貢船進口即委員照料護送進京因思乾隆十八年西洋博爾都噶爾國遣使進貢係由廣東澳門收泊其時兩廣總督阿里衮曾於海岸處所調派員弁帶領兵丁擺齊隊伍旗幟甲仗

四二八　直隸等省督撫奉上諭　英國派使進貢各近海口岸遇貢船收泊須隊伍齊整以肅觀瞻(乾隆五十八年正月十八日)

等項皆一體鮮明以昭嚴肅此次㗖咭唎國貢船
進口泊岸時自應仿照辦理此等外夷輸誠慕化
航海而來豈轉虞有他意但天朝體制觀瞻所係
不可不整肅威嚴俾外夷知所敬畏現在海疆寧
靖各該督撫皆未免意存玩忽近海一帶營伍可
想而知著傳諭各該督撫等如遇該國貢船進口
時務先期派委大員多帶員弁兵丁列營站隊務
須旗幟鮮明甲仗精淬並將該國使臣及隨從人
數併貢件行李等項逐一稽查以肅觀瞻而昭體
制外省習氣非廢弛因循即張大其事甚或存畏
事之見最為陋習此次承諭辦理務須經理得宜
固不可意存苟簡草率從事亦不可迹涉張皇方
為妥善也將此各諭令知之欽此遵
旨寄信前來

四二九　直隸總督梁肯堂奏折

飭令天津道先期預備接送英貢使
(乾隆五十八年正月二十四日)

直隸總督臣梁肯堂跪

奏為欽奉

諭旨恭摺覆

奏事。竊臣承准大學士公阿桂、大學士伯和珅字

寄乾隆五十八年正月十八日奉

上諭:上年據郭世勳奏,暎咭唎國夷人啵嘲啞吮嘶

喱等來廣稟稱,該國王因前年大皇帝八旬萬壽

未及叩祝,今遣使臣嗎嘎爾呢進貢,由海道至天

津赴京等語,並譯出原稟進呈。閱其情詞極為恭

順懇摯,因俯允所請,以遂其航海向化之忱,並以

四二九 直隸總督梁肯堂奏折

飭令天津道先期預備接送英貢使

（乾隆五十八年正月二十四日）

海洋風信靡常該貢使船隻或於閩浙江南山東等處近海口岸收泊亦未可定因降旨海疆各督撫如遇該國貢船進口即委員照料護送進京因思乾隆十八年西洋博爾都噶爾國遣使進貢係由廣東澳門收泊其時兩廣總督阿里袞曾於海岸處所調派員弁帶領兵丁擺齊隊伍旂幟甲仗等項皆一體鮮明以昭嚴肅此次咉咭唎國貢使進口泊岸時自應仿照辦理此等外夷輸誠慕化航海而來豈轉虞有他意但天朝體制觀瞻所係不可不整肅嚴威俾外夷知所敬畏現在海疆寧

四二九 直隸總督梁肯堂奏折

飭令天津道先期預備接送英貢使
(乾隆五十八年正月二十四日)

靖各該督撫皆未免意存玩忽近海一帶營伍可
想而知著傳諭各該督撫等如遇該國貢船進口
時務先期派委大員多帶員弁兵丁列營站隊務
須旂幟鮮明甲仗精淬並將該國使臣及隨從人
數併貢件行李等項逐一稽查以肅觀瞻而昭體
制外省習氣非廢弛因循即張大其事甚或存畏
事之見最為陋習此次承諭辦理務須經理得宜
固不可意存苟簡草率從事亦不可迹涉張皇方
為妥善也將此各諭令知之欽此寄信到臣伏查
暎咭唎國遣使入

四二九 直隸總督梁肯堂奏折

飭令天津道先期預備接送英貢使

(乾隆五十八年正月二十四日)

貢上年十月内欽奉

廷寄

諭旨臣當將預備緣由恭摺覆

奏在案該使臣航海朝

覲恭順堪嘉自應量加體恤以勵其向化之忱而

天朝體制所關尤當經理得宜以肅觀瞻而臻妥善

查天津大沽海口爲入境首站距京三百四十

餘里該使臣如到該處收泊應行起旱進京需

用車輛人夫均令天津道府先期預備一俟抵

岸即可登陸以免遲滯其沿途尖宿公館只須

四二九　直隸總督梁肯堂奏折

飭令天津道先期預備接送英貢使

（乾隆五十八年正月二十四日）

掃除潔淨一切食物隨其食性量為預備毋致
糜費過於鋪張至濱海墩房以及沿途營汛臣
先已飭令地方官油飾整齊并於經過之時將
所有軍械排列齊全進口之處即令天津鎮蘇
寧阿多帶員弁兵丁列營站隊務須旂幟鮮明
甲仗精鋭不得稍事苟簡惟該使臣進口後筵
宴事畢即應進京所帶跟役舵工自必仍留夷
船言語既難通達天津又為商賈輻輳之地尤
當隨時稽查俾免交接滋事臣復遴派妥幹數
員不動聲色留心照料彈壓似此海隅外夷遠

四二九 直隸總督梁肯堂奏折

飭令天津道先期預備接送英貢使
(乾隆五十八年正月二十四日)

道入
貢實為
熙朝盛事臣敢不加意經理期於妥協以仰副
聖主懷柔殷懷所有辦理各緣由理合恭摺
奏伏乞
皇上睿鑒謹
奏
知道了
乾隆五十八年正月二十四日

四三〇　直隸等省督撫奉上諭如遇英貢船進口須經江閩浙三省調取澳門之人預備貿易(乾隆五十八年二月二十二日)

大學士公阿　大學士伯和　字寄
直隸山東江南閩浙各督撫　乾隆五十八年
二月二十二日奉
上諭前據郭世勳奏𠸄咭唎國遣使進貢祝釐由海道至天津赴京曾經降旨以海洋風信靡常該貢使船隻或於閩浙江南山東等處近海口岸收泊亦未可定而近海一帶營伍未必一律整肅特諭令該督撫等如遇該國貢船進口時務須派員彈壓稽查列營擺隊以示嚴肅但外省習氣非失之不及即失之太過若該督撫等因有此旨辦理過當迹涉張皇竟似陳兵備禦者然不特該國使臣心懷疑懼即地方民人亦覺驚駭耳目殊為未便著再傳諭該督撫等於該國貢使到口時總須不動聲色密加查察防範以肅觀瞻而昭體制固不

四三〇 直隸等省督撫奉上諭如遇英貢船進口須經江閩浙三省調取澳門之人預備貿易（乾隆五十八年二月二十二日）

可意存玩忽亦不可張大其事務使經理得宜無過不及方為妥善再該國遣使赴京或於貢船之便携帶貨物前來貿易亦事之所有若在福建江浙等省口岸收泊該處非若澳門地方向有洋行承攬之人可為議價交易且該國來使與内地民人言語不通碍難辦理著傳諭福建浙江江南三省督撫先期行文廣東省令郭世勳將該處行頭通事人等揀派數人預備如該國貢船於該三省進口時帶有貿易貨物即飛速行知廣東令將預備之人派員送到以便為之説合交易若該貢船在山東直隸進口該二省距京甚近無庸調取澳門之人即可來京交易交四堂人代為經紀其事較為近便仍著該督撫等諭知來使以江浙等省向無洋行經紀誠恐該國使人不曉内地言語講

四三〇　直隸等省督撫奉上諭

如遇英貢船進口須經江閩浙三省調取澳門之人預備貿易(乾隆五十八年二月二十二日)

諭價值不能諳悉或有虧折之處特調取廣東澳
門洋行熟手爲之經理公平交易俾其得沾餘潤
以示懷柔體恤之意將此各諭令知之欽此遵
旨寄信前來

四三一　直隸總督梁肯堂奏折

飭令海口營汛預備接迎英貢船并傳知來使進京貿易(乾隆五十八年二月二十五日)

直隸總督臣梁肯堂跪

奏為欽奉

諭旨恭摺覆

奏事竊臣承准大學士公阿桂大學士伯和珅字

寄乾隆五十八年二月二十二日奉

上諭前據郭世勳奏嘆咭唎國遣使進貢祝釐由海

道至天津赴京曾經降旨以海洋風信靡常該貢

使船隻或於閩浙江南山東等處近海口岸收泊

四三一　直隸總督梁肯堂奏折

飭令海口營汛預備接迎英貢船并傳知來使進京貿易（乾隆五十八年二月二十五日）

亦未可定而近海一帶營伍未必一律整肅特諭令該督撫等如遇該國貢船進口時務須派員彈壓稽查列營擺隊以示嚴肅但外省習氣非失之不及即失之太過若該督撫等因有此旨辦理過當迹涉張皇竟似陳兵備禦者然不特該國使臣心懷疑懼即地方民人亦覺驚駭耳目殊為未便著再傳諭該督撫等於該國貢艘到口時總須不動聲色密加查察防範以肅觀瞻而昭體制固不可意存玩忽亦不可張大其事務須經理得宜無過不及方為妥善再該國貢船在山東直隸進口

四三一　直隸總督梁肯堂奏折

飭令海口營汛預備接迎英貢船并傳知來使進京貿易(乾隆五十八年二月二十五日)

該二省距京甚近毋庸調取澳門之人即可來京交易交四堂人代為經紀其事較為近便將此各諭令知之欽此寄信到臣伏查暎咭唎國遣使進貢祝

釐恭順堪嘉進口處所自當仰體

聖主懷柔殷懷於體恤之中不過稍加防範臣節奉

諭旨惟將海口及沿途營汛墩臺油飾齊整俟進口之時責令營弁列營擺隊以示嚴肅業將預備緣由奏蒙

聖鑒茲復欽承

訓示益當董率天津鎮道不動聲色妥協經理期於

適宜以昭
天朝體制至貢船携帶貨物前來貿易誠屬事之所有天津雖為百貨駢集之區究不及
京師都會易於銷售且恐言語不通市儈人等貪利爭執臣現已札知天津道喬人傑一俟貢船抵口即傳知通事人等曉諭來人就近進京聽四堂人代為經紀沿途經過地方臣仍咨諭文武各官留心稽查以免疏虞所有遵
旨辦理緣由理合恭摺
奏伏乞
皇上睿鑒謹

四三一 直隸總督梁肯堂奏折
飭令海口營汛預備接迎英貢船并傳知來使進京貿易(乾隆五十八年二月二十五日)

四三一　直隸總督梁肯堂奏折

飭令海口營汛預備接迎英貢船并傳知來使進京貿易(乾隆五十八年二月二十五日)

奏

事事務從體制，[illegible]何[illegible]不到

乾隆五十八年二月　二十五　日

四三二 兩江總督書麟奏折

咨會廣東預備行頭通事照料英貢船貿易(乾隆五十八年三月二十日)

兩江總督臣書麟跪

奏爲欽奉

上諭恭摺覆奏事。竊臣承准大學士公阿桂、大學士伯和珅字寄內開:乾隆五十八年二月二十二日奉

上諭:嘆咭唎國遣使赴京,或於貢船之便携帶貨物

四三二　兩江總督書麟奏折　咨會廣東預備行頭通事照料英貢船貿易(乾隆五十八年三月二十日)

前来貿易亦事之所有若在福建江浙等省口岸收泊該處非若澳門地方向有洋行承攬之人可為議價交易且該國来使與内地民人言語不通碍難辦理著傳諭福建浙江江南三省督撫先期行文廣東省令郭世勳將該處行頭通事人等揀派數人預備如遇該國貢船於該三省進口時帶有貿易貨物即飛速行知廣東令將預備之人派員送到以便為之説合交易仍著該督撫等諭知来使以江浙等處向無洋行經紀誠恐該國使人不曉内地言語講論價值不能諳悉或有虧折之

四三二 兩江總督書麟奏折
咨會廣東預備行頭通事照料英貢船貿易(乾隆五十八年三月二十日)

處特調取廣東澳門洋行熟手為之經理公平交
易俾其得沾餘潤等因欽此臣跪讀之下仰見我
皇上柔遠綏來諄諄
訓示俾臣下得有遵循曷勝欽佩之至遵即咨會廣
東撫臣郭世勳將行頭通事人等揀派預備如
遇嘆咭唎國貢船有到江南口岸収泊信息臣
即飛速知會廣東將選派之人送到為之議價
交易並敬將奉到
恩旨向該使臣等詳悉告知俾知
聖主體恤遠人無微不至臣仍督屬稽查務俾公平

交易不任稍有虧折以仰副宣布
恩德無遠弗屆至意所有接奉
諭旨欽遵辦理緣由理合恭摺覆
奏伏祈
皇上睿鑒謹
奏
知道了
乾隆五十八年三月　二十　日

四三三 粤海關監督盛住奏折

江粤海關起解關税盈餘銀兩
(乾隆五十八年三月二十三日)

奴才盛住跪

奏爲報明起解關税盈餘銀兩仰祈

聖鑒事。竊照粤海關每年起解正雜銀兩,例應具摺

奏報。兹查乾隆五十六年九月二十六日起,連閏

扣至五十七年八月二十五日止,一年期内,通

關各口共徵收銀一百一萬一千四百二十六

兩二錢八分三釐,内正項盈餘銀六十一萬一

千六百四十一兩三錢二釐,雜項盈餘銀三十

九萬九千七百八十四兩九錢八分一釐。除照

例於正項内支出銀四萬兩,并銅斤水脚銀三

四三三 粤海關監督盛住奏折

江粤海關起解關税盈餘銀兩

(乾隆五十八年三月二十三日)

千五百六十四兩移交布政司庫取有庫收送
部查核又除照例於雜項内支出通關經費養
廉工食以及鎔銷折耗等銀四萬一千五十二
兩四錢二分二釐又除支出解交造辦處裁存
備貢銀五萬五千兩又除支出解部節存水脚
并部科飯食等銀五萬四千六百九十七兩一
錢五分四釐尚存正羡銀五十六萬八千七十
七兩三錢二釐雜羡銀二十四萬九千三十五
兩四錢五釐共存正雜盈餘銀八十一萬七千
一百一十二兩七錢七釐内找撥上年不敷撥

四三三　粤海關監督盛住奏折

江粤海關起解關税盈餘銀兩
(乾隆五十八年三月二十三日)

解廣東省兵餉銀六萬七千七百六十九兩八
錢一分五釐又廣東洋鹽二商捐輸川省賞賚
銀兩奉
旨准其共捐銀三十萬兩並准於本年五月起分作
六年完款内洋商應捐銀十五萬兩在於粤海
關現年税課盈餘項下先行借支除本年據洋
商蔡世文等繳還銀二萬五千兩尚未完銀一
十二萬五千兩又撥解川省軍需銀五十萬兩
除以上支撥等銀六十九萬二千七百六十九
兩八錢一分五釐實存解盈餘銀一十二萬四

千三百四十二兩八錢九分二釐又查五十七
年分奏銷案內洋商借給豐泰行夷欠未完銀
一十七萬一十三兩七錢八釐今第二次繳回
銀四萬二千五百三兩四錢二分七釐尚未完
銀一十二萬七千五百一十兩二錢八分一釐
連前存解盈餘實應解部銀一十六萬六千八
百四十六兩三錢一分九釐又節省水脚銀三
萬八百四兩九錢二分二釐又另解節存平餘
罰料截曠等銀六千七百五十七兩三錢六分
二釐查此項平餘罰料截曠等銀遵照戶部

四三三　粤海關監督盛住奏折

江粤海關起解關税盈餘銀兩（乾隆五十八年三月二十三日）

奏准於奏銷盈餘摺内按數剔除入於本案報銷不歸併盈餘項下又查解部税銀每千兩向有加平銀一十五兩今我撥廣東省兵餉銀六萬七千七百六十九兩八錢一分五釐并撥解川省軍需銀五十萬兩所有加平無庸添入計溢出銀八千五百一十六兩五錢四分七釐一併聲明另欵解部除遵例具疏題報按欵分批委員解部於乾隆五十八年三月十三等日自粤起程外所有錢糧收支數目理合恭摺

奏報伏乞
皇上睿鑒勅部核覆施行謹
奏
硃批：該部知道

乾隆五十八年三月　二十三　日

四三三　粵海關監督盛住奏折
江粵海關起解關稅盈餘銀兩
（乾隆五十八年三月二十三日）

四三四 廣東巡撫郭世勳奏折
英貢船已通過澳門外海洋面北上
(乾隆五十八年五月十九日)

署理兩廣總督事務廣東巡撫臣郭世勳
粤海關監督臣盛住跪
奏爲噗咭唎國貢船經由粤省澳門口外大洋徑
赴天津入京恭摺奏
聞事竊照噗咭唎國上年秋間遣使来廣陳請
進貢恭祝
皇上八旬萬壽由海道至天津赴京經臣等

四三四　廣東巡撫郭世勛奏折

英貢船已通過澳門外海洋面北上
(乾隆五十八年五月十九日)

奏蒙
恩准以遂其航海嚮往之誠並蒙
念海洋風帆無定或於浙閩江蘇山東等處近海口
岸收泊
降旨諭該督撫等如遇該國貢船到口即派委妥員
迅速護送進京并先期派委大員多帶員弁兵丁
列營站隊務須旗幟鮮明甲仗精洋將使臣及隨
從人數貢件行李等項逐一稽查以肅觀瞻而昭
體制當即飛咨浙江福建江蘇各省欽遵辦理將
遵奉緣由亦經臣郭世勳

四三四 廣東巡撫郭世勳奏折

英貢船已通過澳門外海洋面北上

(乾隆五十八年五月十九日)

奏La

聖鑒嗣准閩浙督臣伍拉納福建撫臣浦霖兩江督

臣書麟浙江撫臣長麟恭録欽奉

上諭該國或於貢船之便攜帶貨物前来貿易若在

福建江浙等省口岸收泊非澳門地方向有洋行

承攬之人可為議價交易且與内地民人言語不

通着先期行文廣東省將該處行頭通事人等選

派數人預備以便為之説合交易欽此欽遵等因

咨會預派浙省並以距粤較遠倘貢使收泊浙

江口岸再行知會恐致稽延

四三四　廣東巡撫郭世勛奏折

英貢船已通過澳門外海洋面北上
（乾隆五十八年五月十九日）

奏明先期揀派咨送赴浙各移會前來即會同臣
盛住選派行商蔡世文伍國釗并曉諳夷語之
通事林傑李振等數名預備臣郭世勳又行據
布政司許祖京詳委瓊防同知張增護送分别
咨明各省查照在案伏查該國夷商啵嘲啞哩
嚥嚌咂等上年經臣等面詢雖據稱貢船不在
廣東經過大概由浙江山東等處外洋直往天
津第洋面四通八達而海道風帆誠如
聖諭無定或因風仍由粤省口岸收泊事未可料臣
郭世勳先經飭行澳門同知香山縣并香山協

四三四　廣東巡撫郭世勳奏折

英貢船已通過澳門外海洋面北上
(乾隆五十八年五月十九日)

一體查探如遇該國貢船進口遵照護送列營站隊以示整肅日久未得確信正在飭查并咨送通事人等赴浙間兹據洋行商人蔡世文等報稱接㖦咭唎國住澳大班札稱五月十三日未刻有本國國王所差貢船同護送船共四隻經由澳門口外老萬山大洋託寄口信乘風隨即揚帆徑往天津等情并據香山協副將張維香山縣知縣許敦元及澳門總口稅務委員稟報相同查該貢船既由澳門外海洋面順帆駕駛似係經由浙江一帶外洋直達天津不復再

四三四 廣東巡撫郭世勳奏折

英貢船已通過澳門外海洋面北上
(乾隆五十八年五月十九日)

由閩省洋面行走，除飛咨浙江、江南等省查照辦理，并催趲洋行通事人等星速馳往浙省，聽候說合交易外，所有該國貢船前赴天津進京緣由，臣等謹會同由驛恭摺奏
聞，伏乞
皇上睿鑒。謹
奏。

知道了。

乾隆五十八年五月 十九 日

四三五 粵海關監督盛住奏折

交印起程請陛見(乾隆五十八年七月十九日)

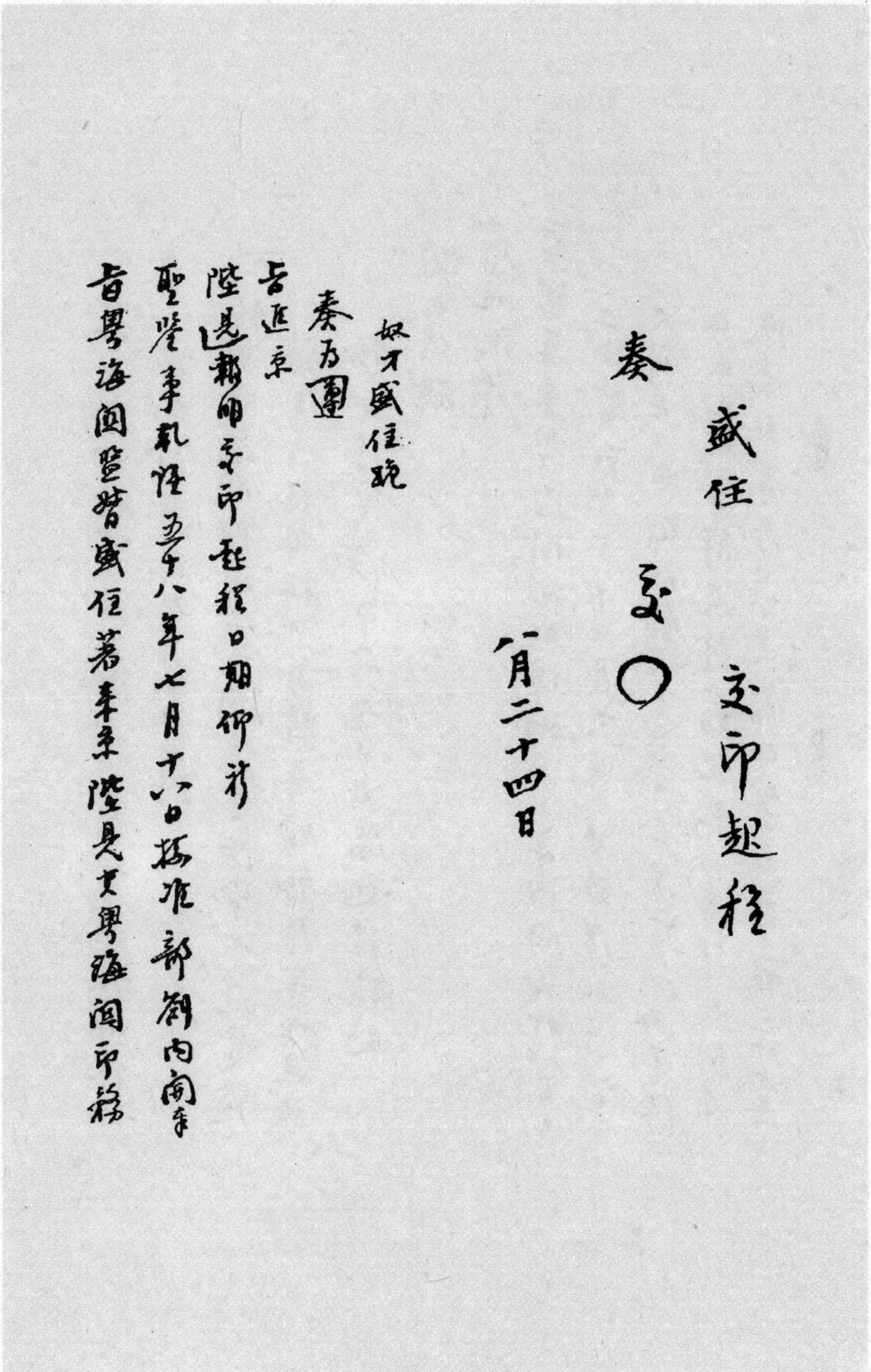

盛住　交印起程

奏　覽　〇

八月二十四日

奴才盛住跪

奏爲遵

旨進京

陛見報明交印起程日期仰祈

聖鑒事竊五十八年七月十八日接准部劄内開奉

旨粵海關監督盛住著來京陛見其粵海關印務

四三五　粵海關監督盛住奏折

交印起程請陛見（乾隆五十八年七月十九日）

著交廣州將軍福昌暫行兼署欽此欽遵行知
前來奴才遵於本月十九日將
欽頒粵海關關防並令大關委員防禦七十九賫送
將軍福昌接收並將庫貯錢糧等項造冊
移交清楚奴才即於是日束裝起程趨赴
闕廷跪覲
天顏祗聆
聖訓再查粵海關徵收稅餉自上年海關印於八月
二十六日起至本年七月十八日止共到洋船二十四隻
大關各口共徵收銀六十二萬三千二百四兩零除
各口已徵未解及洋商認繳取有限狀例應
陸續交庫並一切支銷外實存庫銀三十六萬

八千九百四十七兩零合併陳明所有奴才交印
起程日期謹繕摺具
奏伏乞
皇上睿鑒謹
奏
乾隆五十八年八月二十四日奉
硃批知道了欽此

七月十九日

四三六　浙江巡撫長麟奉上諭

著準英貢船上岸採物但不得為例并嚴查私相貿易(乾隆五十八年八月初二日)

大學士伯和　字寄

浙江巡撫長　乾隆五十八年八月初二日奉

上諭據長麟奏籌辦𠸄咭唎貢船回至定海照料一切事宜已於摺内批示前因𠸄咭唎國原來船隻未能久泊天津懇請先回浙江寧波地方灣泊並請指給空地暫行棲息是以諭令長麟查照妥辦旋據該夷官札商貢使以船内衆人不服水土到定海後擬先回本國以免羈留守候業已准其所

四三六　浙江巡撫長麟奉上諭

著準英貢船上岸採物但不得為例并嚴查私相貿易(乾隆五十八年八月初二日)

請並將該貢使呈出覆信發交長麟轉給該夷官收明遵照先行回國不必等候貢使是該夷船到定海後自可即日放洋旋回本國無須在定海耽延即使暫時休息為日有限無須多為籌備長麟擬令在岙港地方暫行停泊自可如此辦理該船應需口分米石牛羊等物業據梁肯堂在天津賞給浙省亦無庸再為備辦矣至長麟所奏該夷官到定海後應否准其採買物件等語該國此次航

四三六 浙江巡撫長麟奉上諭

著準英貢船上岸採物但不得為例并嚴查私相貿易（乾隆五十八年八月初二日）

硃 硃

海遠來傾心向化回船之便欲於該處購買物件自
可准行但此後不得援以為例至商儈等設計勾
引容約商串私來潛往貿易交通等事最為可惡
該撫（向曾查禁）派委道員等前往留心察辦使不致交涉滋
弊所辦甚（亦悉）是如有此等弊端祇須嚴懲一二奸儈
等自無可施其伎倆也將此諭令知之欽此

四三七　兼署粤海關印務福昌奏折
接收交代粤海關商税銀數
(乾隆五十八年八月初二日)

廣州將軍兼署粤海關印務奴才福昌跪
奏爲恭報接收交代關税銀數仰祈
睿鑒事竊奴才荷蒙
聖恩兼署粤海關税務業將接印日期并感激下忱
繕摺叩謝
天恩在案兹查監督盛住移交册内開自乾隆五十
七年八月二十六日起至五十八年七月十八
日止計十個月零二十三日通關各口共徵收
銀六十二萬三千二百四兩零除支銷通關經
費等項銀二萬四千二百九十三兩零應存銀
五十九萬八千九百一十一兩零内除各行洋

四三七 兼署粤海關印務福昌奏折

接收交代粤海關商税銀數
(乾隆五十八年八月初二日)

商代夷人報納未經完繳銀二十萬二千三百
三十九兩零又高廉雷瓊留撥兵餉及各口已
徵未解銀二萬七千六百二十四兩零現庫實
存銀三十六萬八千九百四十七兩零又另存
平餘罰料截曠等銀一千三百七十兩零共實
存庫銀三十七萬三百一十七兩零奴才俱按
冊查明接收清楚其各洋商未繳銀兩經監督
盛住取具行商認狀移送存攄查係照依前監
督李質穎
奏明統於滿關後六個月内繳清起解之例辦理
所有奴才接收交代關税銀數清楚緣由理合

四三七　兼署粤海關印務福昌奏折

接收交代粤海關商税銀數
（乾隆五十八年八月初二日）

恭摺
奏報伏乞
皇上睿鑒謹
奏
知道了

乾隆五十八年八月　初二　日

四三八　署理兩廣總督郭世勛奏折

安南通市添設花山市場
（乾隆五十八年八月初二日）

署理兩廣總督印務廣東巡撫臣郭世勳跪

奏爲安南通市添設花山市場商民益增踴躍恭

摺

奏明事。竊安南自設禁内地貿易貨物罕通，民用

所需短絀，仰蒙

俞旨仍准照常通市，該國感沐

殊恩，懽忻鼓舞，先准洛覆於平而、水口兩關在該國

之高憑鎮、牧馬庯立市，由村隘來商在諒山鎮

駈驢庯立市，分設太和、豐盛二號，并置廠長、市

長各一人保護，監當各一員司理其事，當經臣

等槪吉開關

奏蒙

四三八　署理兩廣總督郭世勛奏折

安南通市添設花山市場

（乾隆五十八年八月初二日）

聖鑒在案嗣據署龍州同知王撫棠稟稱由平而水
口兩關出口之客民定限四個月轉回今未及
五旬紛紛回至内地詢由出口貨物易於銷售
又稱該國另於諒山鎮屬之花山地方添設鋪
店招徠平而關出口之商更屬便捷等語臣等
因通市章程原議止據該藩議定在牧馬駈驢
二處立市並未議及花山今於諒山鎮之花山
地方添設市場核與原
奏互異在該國或自有所見但未據咨明其情形
是否實係因地制宜而於牧馬一市有無盈絀
札飭署龍州同知王撫棠就近咨查茲據該丞
稟准該國王咨覆因從平而關出口之商必由

四三八 署理兩廣總督郭世勳奏折

安南通市添設花山市場

(乾隆五十八年八月初二日)

水路先抵花山計程僅有二百餘里如前赴牧
馬即須由花山起旱陸路多費而花山附近村
庄稠密是以於該處添設行鋪以便平而關出
口商民交易其市長監當各員即由驅驢額設
內派往客民中有願由陸路前赴牧馬者仍聽
其便并將該國咨呈分別轉遞前來臣等覆核
無異伏查平而關出口之貨得於花山就便交
易在商民少一跋涉之費用即多一分之利益
更無不踴躍趨赴現在往回既速將來客貨日
益流通於該國民用洵有裨益其有願赴牧馬
者仍聽其便亦並無窒碍自係該國因宜調劑
之情形臣等敬體

四三八　署理兩廣總督郭世勛奏折
安南通市添設花山市場
(乾隆五十八年八月初二日)

皇上懷柔藩服惠愛商民至意將添設
奏明緣由照會該國外謹會同恭摺奏
聞並録咨呈恭呈
御覽伏乞
皇上睿鑒再一切查驗專司各事宜俱循照原議條
欵遵行毋庸另議合併陳明謹
奏
知道了
乾隆五十八年八月　初二　日

四三九　山東等省督撫奉上諭著沿途接待英貢使回國不可過於豐厚(乾隆五十八年八月初五日)

大學士伯和　字寄
山東江南江西廣東各督撫　乾隆五十八年
八月初五日奉
上諭現在唤咭唎國原來船隻已回至浙江定海即由該處放洋先回本國將來該正副貢使應由水路至廣東再附該國貿易船回其本國此次該使臣等前來熱河於禮節多未諳悉朕心深為不愜伊等前此進京時經過沿途各地方官欵接供給未免過於優待以致該貢使等妄自驕矜將來伊等回國應令由内河水路前抵江南即由長江至

四三九　山東等省督撫奉上諭著沿途接待英貢使回國不可過於豐厚(乾隆五十八年八月初五日)

硃

梅嶺起旱再由水路前往廣東陸路尖宿供頓俱可照例預備其不可過於豐厚經過水程地方該督撫等祗應飭令州縣照常供應雖所需口分等項自不應致有短缺但祇須照例應付不得踵事增華徒滋煩費此等無知外夷亦不值加以優禮至沿途經過程站所有營汛墩臺務須修理完整兵弁一律嚴肅以壯觀瞻而昭威重除就近傳知梁肯堂外將此各傳諭知之欽此遵

旨寄信前來

四四〇　上諭

馬庚多斯不必回珠山管船至英使要求買茶及西洋人等欲進京當差可依例辦理(乾隆五十八年八月十六日)

據稟嗎嘎哆嘶求令回珠山管船一事應諭知

該貢使現在奏明奉

旨以該使臣欲令嗎嘎哆嘶回至珠山並無要事不過為照管船隻伊等船上現有留船官役人等甚多自可在彼照料管束又何必為此一事令嗎嘎哆嘶回去況為他一人又須派人水陸伴送將來又仍須伴送回京徒勞往返竟可不必至該使臣求買茶葉等物一事自屬可行但此等物件亦毋庸該夷官自行購買祇須將伊

四四〇　上諭　馬庚多斯不必回珠山管船至英使要求買茶及西洋人等欲進京當差可依例辦理(乾隆五十八年八月十六日)

等需買茶葉等件開具清單寫一信字呈明大
人們由驛遞去不過數日可到浙江即可令浙
江巡撫將伊信字交給船上夷官具需買物件
亦即令浙江巡撫派人同該夷官照單購買公
平交易不令喫虧買得後即可隨船帶去其應
上稅課並可傳知該處免其納稅又據稟西洋
人安納拉彌額特二名求令嗎嗊哆嘶帶至京
城一欵安納等二名學習天文要到京城當差
自可准行但該使等既令附船隨行在天津時

四四〇　上諭

馬庚多斯不必回珠山管船至英使要求買茶及西洋人等欲進京當差可依例辦理(乾隆五十八年八月十六日)

自應即將此情節禀明伴送官員轉回中堂大人們奏准即可令安納等在天津進京伊等彼時既並不禀明致令隨船回至浙省今又徒勞跋涉殊屬無謂令安納等進京亦不必用該國人帶領祇須令該貢使等寫一信字呈出一并由驛交給浙江巡撫傳知安納等並詢問安納等如願由浙江進京即可由浙江巡撫派員伴送來京如願至廣東嶴門由廣東總督派員送京亦從其便至所禀該使等如有書使求廣東

四四〇　上諭　馬庚多斯不必回珠山管船至英使要求買茶及西洋人等欲進京當差可依例辦理(乾隆五十八年八月十六日)

速行寄到伊等有信寄回亦求即寄廣東附買賣船寄回該國一節伊等萬里遠涉記念家室來往書信欲求早到自應准其所請飭知廣東如有該國寄到之信即行寄京轉交該使等現有要寄書字即可呈出為彼遞至廣東即附買賣船轉寄該國亦屬可行此諭

八月十六日

四四一　浙江巡撫長麟奉上諭著妥辦英貢船開行及購買茶葉洋員進京當差(乾隆五十八年八月十七日)

大學士伯和　字寄
陞任兩廣總督浙江巡撫長　乾隆五十八年
八月十七日奉
上諭前因咲咭唎貢使呈出覆信令其原船先行回
國業將原信發交長麟轉給該夷官遵照茲該貢
使又禀稱伊等帶有夷官嗎嘆哆嘶一名因該夷
官亦求一同瞻覲是以帶同前來但伊係專管船
隻之官若不令其回至船上恐官役等無人彈壓
欲求令嗎嘆哆嘶同一西洋人作為通事前往珠
山并欲在浙購買茶葉等物伊船上有一專管買

四四一　浙江巡撫長麟奉上諭

著妥辦英貢船開行及購買茶葉洋員進京當差（乾隆五十八年八月十七日）

辦之人懇求傳知准令購買伊自能料理等語嗎

嘆哆嘶雖據該貢使禀稱係專管船隻夷官但船

上官役人等甚多儘可照料管理況該國船隻自

天津開行至浙江嗎嘆哆嘶並未同往其船隻已

安行抵浙豈有自浙回其本國又必須嗎嘆哆嘶

一人前往彈壓之理所禀並非實情且亦不值為

嗎嘆哆嘶一人又復派員沿途伴送致勞煩費實

不可行此時若准其所請恐該貢使等懇求無饜

現因該貢使即日回京著傳諭長麟前此該貢使

寄給該夷官覆信內若並未提及欲令嗎嘆哆嘶

四四一　浙江巡撫長麟奉上諭著妥辦英貢船開行及購買茶葉洋員進京當差(乾隆五十八年八月十七日)

回船彈壓之事伊在船之人並未言及此事固屬甚善即著長麟於船隻到齊後作為己意傳知該夷官等以伊等船隻業經奉旨准令回國并有爾貢使覆信伊等即應遵照辦理尅日開船並將其船隻開行日期迅速馳奏俟奏到後即可諭知該貢使等船隻業已開行已屬無及嗎嘆哆嘶應不必再行赴浙該貢使等更無可瀆懇若其覆信内提及欲令等候嗎嘆哆嘶回船再行開行之事該夷官等或稟請在船等候長麟即當明白曉諭以伊等船隻業經奉旨准令先行回國不便久泊貢

四四一　浙江巡撫長麟奉上諭著妥辦英貢船開行及購買茶葉洋員進京當差（乾隆五十八年八月十七日）

使等在京宴賚尚須時日亦並無此話不必等候且汝之正使已有信令汝等先行回國何必在此等候長麟即勒令刻日放洋仍即將開行日期迅速具奏以便曉諭該貢使等知悉此等夷官不知體制或不無藉詞延緩等事長麟務須詞嚴義正明白諭知令其凛遵無違剋期開船毋任在彼逗遛若該夷官等再四懇求必欲等候嗎嘆哆嘶到船方可開行即著長麟迅速馳奏計奏到時該貢使等在京宴賚各事宜亦經完竣竟當飭令該貢使等即由京前往浙省回其原船與該夷官等一

四四一　浙江巡撫長麟奉上諭著妥辦英貢船開行及購買茶葉洋員進京當差（乾隆五十八年八月十七日）

同回國無須繞道廣東更為簡捷至該貢使求在
浙省購買茶葉等物自可准行並著長麟傳知該
夷官速行購買以便料理起身仍飭地方官傳知
各舖户令其公平交易毋致苛刻並將所買茶葉
等物已經奉旨加恩免其納稅之處諭知該夷官
令其倍知感激再據該貢使稟稱有附船同行之
西洋人安納拉彌額特二名係欲來京當差現在
船上等語安納等二名既係情願住京當差之人
並著長麟傳知伊二人如仍欲由粤赴京即聽其
前赴澳門由廣東督撫伴送來京如欲就近由浙

江來京即交長麟派人遇便送京將此由六百里
加緊傳諭知之並著將該夷船隻於何日到齊訂
期放洋回國之處迅速六百里馳奏欽此遵
旨寄信前來

四四二　浙江巡撫長麟奏折

英貢船先將起程回國
（乾隆五十八年八月十八日）

浙江巡撫臣覺羅長麟跪

奏為遵

旨覆

奏事本年八月初五日承准大學士伯和珅字寄

内開奉

上諭前據吉慶奏咲咭唎夷官呈出轉寄伊貢使西洋字書信一封其通事禀稱係詢問貢使此項船隻到定海後是否在該處停泊静候貢使同回抑或先行回國等語當即將書信給該貢使收閲兹據金簡等奏導將該夷官信交給貢使閲看據稱船内衆人不服水土無庸在浙等候可令先回本

國以免羈留守候並呈出西洋字覆信一封懇請
轉發等語著即將該貢使呈出覆信發交長麟轉
給該夷官收明遵照先行回國毋庸等候貢使同
回將此由五百里諭令知之並著將該夷官等接
信後於何日放洋開行回國之處迅速覆奏欽此
遵
旨寄信前來臣接奉後因在海塘防險當即專差營
員捧賫
諭旨並寄來夷信於初八日馳赴停泊夷船之定海
縣飭交原委經理夷船之鹽運使阿林保敬謹

四四二 浙江巡撫長麟奏折
英貢船先將起程回國
(乾隆五十八年八月十八日)

傳宣妥辦去後兹據阿林保禀稱初八日隨同提臣
王彙鎮臣馬瑀親赴夷船適值夷官叶嚧哩吚
呷啦嘶嗎嘶哦哾患瘧甚劇餘人不能作主遲
至十一日夷官病勢稍平提臣王彙鎮臣馬瑀
運使阿林保當將奉到
諭旨令通事明白宣諭並將夷書給與閱看該夷官
力疾行禮感謝
天恩據稱貢使信内言到熱河瞻覲
天顔仰蒙

四四二　浙江巡撫長麟奏折

英貢船先將起程回國

(乾隆五十八年八月十八日)

聖恩賞賚稠渥實為榮幸無比至我們因到内地不
服水土患病之人甚多今貢使代為陳奏蒙
大皇帝格外施恩優加體恤准令先行回國夷人實
在感激惟我現在患病其餘有病之人因寧波
房間寬廠醫藥周備半月以來痊好者已有十
之五六若再寛停數日則病人俱可就痊那時
即便開行回國等語又據遊擊徐丹桂知府克
什訥知縣張玉田先後禀稱八月十一日有北
來小夷船二隻係在天津隨後開行十一日駛
至浙江寧波洋面經該遊擊府縣等引至前到

四四二　浙江巡撫長麟奏折

英貢船先將起程回國

(乾隆五十八年八月十八日)

三船停泊處所與夷官會晤並即妥為安頓詢據小船夷人禀稱我們暫停四五日修理船上器具就要開行前赴廣東若遇風好即使回國不與前來三船同走等語當經提臣王彙運使阿林保等詰以爾等五船俱要先行回國將來貢使如何回去是否爾等先與貢使商定另有辦法據衆夷人同禀將來貢使回國原可由廣東出洋澳門地方常有本國船隻來往甚為便易我們有呈寄貢使書信二封一係夷官回覆貢使之信一係小船已到浙江通知貢使之信

四四二 浙江巡撫長麟奏折

英貢船先將起程回國

(乾隆五十八年八月十八日)

懇求寄至京中給與閱看就是恩典等語又據
知府克什訥禀稱八月十三日該夷官率領衆
夷人在船頭恭設香案望
闕行禮恭祝
萬壽當經運使阿林保等傳
旨賞給牛羊果麪等物該夷等領受又復行禮謝
恩甚為誠敬現在該夷等五船停泊一處極為安静
將來開行時仍遵前奉
諭旨察看該夷等是否尚須米石另行妥為辦理等
情具禀前來除俟各夷船開行另行奏

四四二　浙江巡撫長麟奏折

英貢船先將起程回國
(乾隆五十八年八月十八日)

聞併先將夷書二封咨送軍機處請
旨遵辦外謹將臣接奉
諭旨辦理緣由恭摺覆
奏伏乞
皇上睿鑒謹
奏
知道了。欽此。
乾隆五十八年八月　十八　日

四四三　英國國王熱沃爾日致乾隆帝表文
遣馬戛爾尼進貢并請留人住京辦事
(乾隆五十八年八月十九日)

譯出嘆咭唎國
表文
嘆咭唎國王熱沃爾日敬奏
中國
大皇帝萬萬歲熱沃爾日第三世蒙天主恩嘆咭唎國
大紅毛及佛郎西依拜爾呢雅國王海主恭惟
大皇帝萬萬歲應該坐殿萬萬年本國知道
中國地方甚大管的百姓甚多
大皇帝的心裏長把天下的事情各處的人民時時照
管不但

四四三　英國國王熱沃爾日致乾隆帝表文

遣馬戛爾尼進貢并請留人住京辦事

（乾隆五十八年八月十九日）

中國地方連外國的地方都要保護他他們又都
心裏悦服内外安寧各國所有各樣學問各樣
技藝
大皇帝恩典都照管他們叫他們盡心出力又能長進
生發變通精妙本國早有心要差人來皆因本
境週圍地方俱不平安躭擱多時如今把四面
的仇敵都平服了本境平安造了多少大船差
了多少明白的人漂洋到各處並不是要想添
自己的國土自己的國土也彀了也不是為貪
圖買賣便宜但為著要見識普天下各地方有

四四三　英國國王熱沃爾日致乾隆帝表文　遣馬戛爾尼進貢并請留人住京辦事
（乾隆五十八年八月十九日）

多少處各處事情物件可以彼此通融別國的
好處我們能得著我們的好處別國也能得著
恐各處地方我們有知道不全的也有全不知
道的從前的想頭要知道如今蒙天主的恩可
辦成了要把各處的禽獸草木土物各件都要
知道要把四方十界的物件各國互相交易大
家都得便宜是以長想著要將各國的風俗禮
法明白了如今聞得各處惟有
中國
大皇帝管的地方一切風俗禮法比別處更高至精至

妙實在是頭一處各處也都贊美心服的故此
越發想念著來向
化輸誠此時不但大西洋都平安就是小西洋紅毛
鄰國的人他没有理同本國打仗也都平復了
如今本國與各處全平安了所以趁此時候得
與
中國
大皇帝進獻表貢盼望得些好處從前本國的許多人
到
中國海口來做買賣兩下的人都能得好處但兩

下往來各處都有規矩自然各守法度惟願我的人到各處去安分守規矩不叫他們生事但人心不一樣如没有一個人嚴嚴管束他們就恐不能保其不生事故此求與

中國永遠平安和好必得派一我國的人帶我的

權柄住在

中國地方以便彈壓我們來的人有不是罰他們有委曲亦可護他們這樣辦法可保諸事平安我如今為這些緣故特差一個人到

中國來照管這些事情要得一妥當明白的人又

四四三　英國國王熱沃爾日致乾隆帝表文

遣馬戛爾尼進貢并請留人住京辦事
（乾隆五十八年八月十九日）

有才學又有權柄又要到得
大皇帝跟前對答上來的故此我所派的熱沃爾日嗎
哩格德呢公哩薩諾吧嚨是本國王的親戚忠
信良善議國事的大臣身上帶的兩個恩典的
憑據從許多博學人裏挑出來一個大博學的
人他從前辦過多少大事又到俄羅斯國出過
差又管過多少地方辦事又到過小西洋本噶
拉等處屬國地方料理過事情這就是比次派
的正貢使到
大皇帝駕前辦事因他能辦差使表文上有本國的印

四四三 英國國王熱沃爾日致乾隆帝表文

遣馬戛爾尼進貢并請留人住京辦事
(乾隆五十八年八月十九日)

信為憑所以叫他將表文呈進在
大皇帝駕前說話如自己說話一般如今求
大皇帝見他即同見我與他說話即同與我說話一樣
施恩典看待他我又恐正貢使到那裏或有別
的緣故所以又派一副貢使臨時替他也與正
貢使一樣熱沃爾日噶沃納多噹㗂這也是個
體面人他的博學會辦事與正貢使一樣的故
此從前派他在海島平服過許多的事情又到
小西洋痕都斯坦國與那第博蘇渥爾噹王講
和過事因他能辦這些事能出力故此派他同

四四三　英國國王熱沃爾日致乾隆帝表文
遣馬戛爾尼進貢并請留人住京辦事
(乾隆五十八年八月十九日)

去預備著好替正貢使辦事再求
大皇帝也與正貢使一樣恩待他如今我國知道
大皇帝聖功威德公正仁愛的好處故懇准將所差的
人在北京城切近觀
光沐浴教化以便回國時奉揚德政化道本國衆人
至所差的人如
大皇帝用他的學問巧思要他辦些事做些精巧技藝
只管委他或在内地辦不出來還好寄信來在
大西洋各地方採辦得出來的我本國的人或
是在

四四三　英國國王熱沃爾日致乾隆帝表文

遣馬戛爾尼進貢并請留人住京辦事

（乾隆五十八年八月十九日）

中國管的地方住著或是來做買賣若是他果能
安分小心求
大皇帝加恩他們都好仗著
鴻福承受
厚恩他們若得了不是即該處治若並無不是自然常
受
大皇帝的恩典貢使起身已詳細囑咐他在
大皇帝前小心敬慎方顯得一片誠心能得
大皇帝喜歡下懷亦得喜歡惟有禱求全善天主保護
大皇帝長享太平之福庇祐暎咭唎國永遠平安受福

四四三　英國國王熱沃爾日致乾隆帝表文

遣馬戛爾尼進貢并請留人住京辦事

（乾隆五十八年八月十九日）

天主降生一千七百九十二年

嘆咭唎國王熱沃爾日三十二年

四四四　兩廣總督長麟奉上諭

英王派人留京已頒敕書諭駁著長麟到粤後妥善安頓各國貿易西洋人(乾隆五十八年八月十九日)

大學士伯和　字寄

陞任兩廣總督浙江巡撫長　調任浙江巡撫

吉　廣東巡撫郭　乾隆五十八年八月十九

日奉

上諭現在譯出嘆咭唎國表文内有懇請派人留京

居住一節雖以照料買賣學習教化為辭但伊等

貿易遠在嶴門即留人在京豈能照料數千里外

至於天朝禮法與該國風俗迥不相同即使留人

觀習伊亦豈能效法且向來西洋人惟有情愿來

京當差者方准留京遵用天朝服飾安置堂内永

四四四 兩廣總督長麟奉上諭

英王派人留京已頒敕書諭駁著長麟到粵後妥善安頓各國貿易西洋人(乾隆五十八年八月十九日)

遠不准回國今伊等既不能如此辦理異言異服逗遛京城既非天朝體制於該國亦殊屬無謂或其心懷窺測其事斷不可行但該國王具表陳懇非若使臣等自行禀請之事可以面加駁斥已頒給勅書明白諭駁此次該國航海遠來念其尚為恭順是以諸加體恤令該貢使到後多有陳乞屢為煩瀆看來此等外夷究屬無知今又不准其留人在京該國王奉到勅諭後或因不遂所欲心懷觖望恃其險遠藉詞生事亦未可定雖該國遠隔重洋歷都越國斷不敢妄生釁隙但或於奧門地

四四四 兩廣總督長麟奉上諭

英王派人留京已頒敕書諭駁著長麟到粤後妥善安頓各國貿易西洋人(乾隆五十八年八月十九日)

方串通勾結欲滋事端不可不預為之防長麟到
廣東後務宜不動聲色隨時留心雖該貢使目覩
天朝體制森嚴四夷畏服斷無意外之慮設該國
無知妄行或於澳門小有滋擾該處貿易之西洋
人等多係西洋別國之人並非該國所屬想未必
皆與彼一心臨時當先安頓在彼貿易之西洋別
國人等使其各安生業不致為所勾結則暎咭唎
即有詭謀亦斷不能施其伎倆但此不過為先事
防範預行指示長麟惟當存之於心不可畧有宣
露稍涉張皇轉致夷人疑慮至郭世勳在巡撫任

四四四　兩廣總督長麟奉上諭　英王派人留京已頒敕書諭駁著長麟到粤後妥善安頓各國貿易西洋人(乾隆五十八年八月十九日)

内有年近又兼署督篆辦理諸務均屬妥協長麟到任後不可以新授總督多有更張諸事惟當與郭世勳和衷商榷綏靖海洋方為不負委任至外省遇有外藩經過之事照料接待往往不能適中或因朕令稍加恩視該督撫等即踵事增華過於優厚以致漫無節制長其驕恣或令稍加裁抑即過於減損又失懷柔之道非過即不及節經降旨訓諭此等外夷向化來庭朕惟視其來意伊若恭順馴謹則即量予加恩伊若有不諳體制之處亦即繩以禮法該督撫等總當酌量事體輕重照料

四四四　兩廣總督長麟奉上諭

英王派人留京已頒敕書諭駁著長麟到粤後妥善安頓各國貿易西洋人(乾隆五十八年八月十九日)

得宜方為妥善此次嘆咭唎貢使回國如其船隻尚在珠山等候該貢使等應由京赴淅上船開行若其船隻業已先回則該貢使等須由長江亦當由淅江起旱前赴廣東澳門附該國買賣便船回國是該貢使行走兩路皆不出淅江廣東地方長麟於該貢使經過時所有飯食等事自應照例供給俾無乏缺至於禮貌一切總宜自存體統示以威重伊等如妄有干請即當詞嚴義正嚴加駁斥不可過事有容以致啟其冒瀆無厭也將此五百里傳諭令長麟並諭吉慶郭世勳知之欽此遵旨寄信前來

四四五　乾隆致英國國王敕諭

派人留京事斷不可行

(乾隆五十八年八月十九日)

○己卯

上敕諭暎咭唎國王洛爾國王遠在重洋傾心

嚮化特遣使恭齎表章航海來庭叩祝萬壽

並備進方物用將忱悃朕披閱表文詞意肫

懇具見爾國王恭順之誠深為嘉許所有齎

到表貢之正副使臣念其奉使遠涉推恩加

禮已令大臣帶領瞻覲錫予筵宴疊加賞賚

用示懷柔其已回珠山之管船官役人等六

四四五　乾隆致英國國王敕諭（乾隆五十八年八月十九日）

派人留京事斷不可行

百餘人雖未到京朕亦優加賞賜俾得普霑
恩惠一視同仁至爾國王表内懇請派一爾
國之人住居天朝照管爾國買賣一節此則
與天朝體制不合斷不可行向來西洋各國
有願來天朝當差之人原准其來京但既來
之後即遵用天朝服色安置堂内永遠不准
復回本國此係天朝定制想爾國王亦所知
悉今爾國王欲求派一爾國之人住居京城

四四五　乾隆致英國國王敕諭　派人留京事斷不可行（乾隆五十八年八月十九日）

既不能若來京當差之西洋人在京居住不歸本國又不可聽其往來常通信息實為無益且天朝所管地方至為廣遠凡外藩使臣到京譯館供給行止出入俱有一定體制從無聽其自便之例今爾國若留人在京言語不通服飾殊制無地可以安置若必似來京當差之西洋人令其一例改易服色天朝亦從不肯强人以所難設天朝欲差人常住爾

四四五　乾隆致英國國王敕諭

派人留京事斷不可行

(乾隆五十八年八月十九日)

國亦豈爾國所能遵行況西洋諸國甚多非
止爾一國若俱似爾國王懇請派人留京豈
能一一聽許是此事斷斷難行豈能因爾國
王一人之請以致更張天朝百餘年法度若
云爾國王為照料買賣起見則爾國人在澳
門貿易非止一日原無不加以恩視即如從
前博爾都噶里雅等國屢次遣使來朝亦曾
以照料貿易為請天朝鑒其悃忱優加體恤

四四五　乾隆致英國國王敕諭　派人留京事斷不可行
（乾隆五十八年八月十九日）

凡遇該國等貿易之事無不照料周備前次
廣東商人吴昭平有拖欠洋船價值銀兩者
俱飭令該管總督由官庫内先行動支帑項
代為清還並將拖欠商人重治其罪想此事
爾國亦聞之矣外國又何必派人留京為此
越例斷不可行之請況留人在京距澳門貿
易處所幾及萬里伊亦何能照料耶若云仰
慕天朝欲其觀習教化則天朝自有天朝禮

四四五　乾隆致英國國王敕諭　派人留京事斷不可行
（乾隆五十八年八月十九日）

法與爾國各不相同爾國所留之人即能習
學爾國自有風俗制度亦斷不能效法中國
即學會亦屬無用天朝撫有四海惟勵精圖
治辦理政務奇珍異寶並不貴重爾國王此
次齎進各物念其誠心遠獻特諭該管衙門
收納其實天朝德威遠被萬國來王種種貴
重之物梯航畢集無所不有爾之正使等所
親見然從不貴奇巧並無更需爾製辦物件

四四五　乾隆致英國國王敕諭
派人留京事斷不可行
（乾隆五十八年八月十九日）

是爾國王所請派人留京一事於天朝體制
既屬不合而於爾國亦殊覺無益特此詳晰
開示遣令使臣等安程回國爾國王惟當善
體朕意益勵款誠永矢恭順以保乂爾有邦
共享太平之福除正副使臣以下各官及通
事兵役人等正賞加賞各物件另單賞給外
兹因爾國使臣歸國特頒敕諭並錫賚爾國
王文綺珍物具如常儀加賜綵緞羅綺文玩

四四五　乾隆致英國國王敕諭
派人留京事斷不可行
（乾隆五十八年八月十九日）

器具諸珍另有清單王其祗受悉朕眷懷特
此勅諭

四四六　兩廣總督長麟奉上諭

英貢使赴粤著沿途妥辦預防其在澳與洋人勾結(乾隆五十八年八月二十七日)

大學士公阿　大學士伯和　字寄

兩廣總督長　廣東巡撫郭　江蘇安徽江西

各督撫　乾隆五十八年八月二十七日奉

上諭長麟奏嘆咭唎夷船五隻已先後到浙江定海

停泊據該夷官稱俱要先行回國廣東嶴門地方

常有該國船隻來往甚為便易將來貢使到粤後

可以附船回國等語該國船隻既已開洋先回其

貢使等自當令其由水程取道長江前赴廣東到

嶴門附船回國所有經過省分前已降旨令地方

四四六　兩廣總督長麟奉上諭英貢使赴粤著沿途妥辦預防其在澳與洋人勾結（乾隆五十八年八月二十七日）

官祇須照常供應不可過於豐厚並毋任該貢使
等途次藉詞逗遛著再傳諭沿途各督撫務遵前
旨妥辦至該國夷船五隻即日自浙開行經過粤
東洋面時如遇順風即聽其先行回國不必復令
等候設管船夷官有託故躭延之處即當詞嚴義
正向其曉諭飭令開行勿任逗遛再此次嘆咭唎
國表文内懇請派人留京居住一節其事斷不可
行已頒給勅書明白諭駁此等外夷究屬無知今
不准所請未免心存觖望廣東嶴門地方西洋各

四四六 兩廣總督長麟奉上諭

英貢使赴粵著沿途妥辦預防其在澳與洋人勾結(乾隆五十八年八月二十七日)

國俱有人在彼貿易此内即有嘆咭唎之人現在不便因該國妄有陳乞遽爾禁其貿易特恐該貢使因不遂所欲與西洋各處夷商勾串齊行小有煽惑不可不預為之防再著傳諭長麟於到任後會同郭世勳務宜不動聲色密為留心察看如無勾結情弊固屬甚善但既有嘆咭唎所請不准之事總當隨時留心先事防範亦不可略有宣露致涉張皇或萬一有其事總以安撫別國商人不令與彼合為妥然此不過過慮想無其事也長麟現

四四六　兩廣總督長麟奉上諭　英貢使赴粵著沿途妥辦預防其在澳與洋人勾結(乾隆五十八年八月二十七日)

在尚未抵粵並著郭世勲一體遵照妥協辦理將
此諭令知之欽此

四四七　兩廣總督長麟奉上諭

著迅速查明英船於何日開行

(乾隆五十八年八月二十八日)

大學士公阿　大學士伯和　字寄

兩廣總督長　乾隆五十八年八月二十八日

奉

上諭昨據長麟奏嘆咭唎國船先到浙江者三隻八月十一日提臣王彙等詢之船内夷官稱若再寬停數日則病人俱可就痊那時即便開行回國其小夷船二隻係在天津隨後開行亦於十一日駛至浙江船内夷人禀稱我們暫停四五日脩理船上器具就要開行不與前來三船同走並將所寄

四四七　兩廣總督長麟奉上諭

著迅速查明英船於何日開行

（乾隆五十八年八月二十八日）

貢使書信二封一併咨送軍機處進呈等語當交軍機大臣將書信二封發交該貢使閲看據稱書信内係言到浙夷船五隻先令四隻開行回國其一隻暫留珠山地方等候管船夷官嗎嗊哆嘶到後方可開放等因與長麟所奏不符該國船隻既欲暫留一隻等候夷官嗎嗊哆嘶何以長麟摺内又稱五船俱要先回似已普行開放況暫停數日即便開行之語係八月十一日該夷官面向提鎮等告稱而長麟此摺係十八日拜發相距已將一

四四七　兩廣總督長麟奉上諭

著迅速查明英船於何日開行

(乾隆五十八年八月二十八日)

旬長麟發摺時該國船隻究竟曾否啟椗並未詳晰聲敘自因該國船隻停泊定海地方長麟未經親往查看僅據提鎮道府等到船詢問之詞覆奏該提鎮道府俱不通曉紅毛言語任聽通事人等裝點支飾率行咨禀雖京中貢使之言亦難盡信但所稱暫留一船等候夷官一節長麟並未查明遂據提鎮道府等所詢之詞遽行入告所奏殊未明晰著傳旨申飭仍著長麟據實查明該夷船五隻究竟曾否全開抑尚留一隻在彼等候之處即

四四七　兩廣總督長麟奉上諭

著迅速查明英船於何日開行

(乾隆五十八年八月二十八日)

行六百里迅速覆奏至管船夷官嗎嗊哆嘶前已
有旨諭知長麟斷無因該夷官一人派員沿途伴
送赴浙之理如此旨到時該國船隻業經全開則
已如尚留一隻在浙逗遛長麟務即嚴行曉諭該
船夷人以爾等患病准令在寧波地方醫治係屬
天朝格外恩施優加體恤今病已痊好且貢使來
信已令爾等先行回國豈容託故躭延如此辭嚴
義正飭令速行開放旋國想長麟以本省大員聲
勢較大飭令開船該夷人等亦不敢稍有違拗也

四四七　兩廣總督長麟奉上諭

著迅速查明英船於何日開行

(乾隆五十八年八月二十八日)

將此由六百里加緊諭令知之仍將該國船隻於何日全行開放及該督摺内夷船開放數目因何與貢使所稱不符之處速行六百里加緊覆奏欽此遵

旨寄信前來

八月二十八日

四四八　兩廣總督長麟奉上諭
著預防英商壟斷澳門貿易
(乾隆五十八年八月二十八日)

大學士公阿　大學士伯和　字寄
兩廣總督長　廣東巡撫郭　傳諭粵海關監
督蘇楞額　乾隆五十八年八月二十八日奉
上諭昨因嘆咭唎國表文内懇請派人留京一節未
准所請恐其心存觖望已傳諭長麟等留心防範
今又思嘆咭唎在西洋諸國中較為强悍且聞其
向在海洋有刦掠西洋各國商船之事是以附近
西洋一帶夷人畏其恣横今不准其留人在京該
國王奉到勅諭後或因不遂所欲藉詞生事亦未

四四八　兩廣總督長麟奉上諭

著預防英商壟斷澳門貿易

（乾隆五十八年八月二十八日）

可定雖該貢使目覩天朝體制森嚴四夷畏服且該處遠隔重洋歷都越國斷不敢妄生衅隙但嶴門地方暎咭唎船隻居其大半設該國無知妄行或於嶴門夷商內勾通煽惑齊行滋事亦不可不預為之防在西洋各國赴天朝貿易畏服聲教由來已久未必肯為附從第恐暎咭唎素習桀驁船多人衆別夷商等不免被其恫喝吉慶業於二十一日起程赴浙山東距浙江甚近九月初十日內即可抵任長麟接奉此旨後即委員將巡撫關防

四四八　兩廣總督長麟奉上諭 著預防英商壟斷澳門貿易（乾隆五十八年八月二十八日）

迎赴嘉興一帶交吉慶接收長麟即赴粤東新任以便與郭世勳恪遵節次諭旨隨時留心密為查察朕又思𠸄咭唎國貢使欲由廣東回國之意必以此次向天朝進貢大皇帝十分優待並妄稱許令總理西洋各國貿易之事向各夷商等誇大其詞欲思從中抽分税銀以為漁利之計西洋各國夷商本素畏𠸄咭唎强横而該國在嶴門貿易較多今又假天朝聲勢揑造諭旨誆誘夷商均未可定長麟到粤總在該貢使之先務須會同郭世勳

四四八 兩廣總督長麟奉上諭著預防英商壟斷澳門貿易(乾隆五十八年八月二十八日)

蘇楞額先向西洋別國各夷商詳晰曉諭以𠸄咭唎入貢天朝極為恭順但該貢使到京後有欲駐京經管貿易之事俱經駁斥現在伊等由廣東回國恐有假揑大皇帝聖旨欲向爾等總理貿易抽分稅銀等事斷不可信其謊言轉於爾等有損無益此次𠸄咭唎貢使到京祝嘏事畢大皇帝不過照常賞賚即令回國其懇求留人在京照管買賣之處已不准行特先為諭知爾等以免將來為其所愚如此明白曉諭各夷商行頭自必心懷感激

四四八 兩廣總督長麟奉上諭 著預防英商壟斷澳門貿易（乾隆五十八年八月二十八日）

且其與噗咭唎是否和睦情形亦可知其大概即行迅速覆奏再聞嶴門有西洋尼僧在彼焚修各夷商俱極信奉遇事聽其指揮剖斷未知噗咭唎夷人是否信奉如此尼僧向不與噗咭唎一氣交結可將以上曉諭夷商各情節亦使之聞之令其暗中作主若此夷尼係與噗咭唎通同一氣者即不必告知恐轉有洩漏總之此事與其事至而後圖維不若先時而加防範俾該夷使不得行其貪利狡謀方為妥協該督等務宜遵照節次諭旨不

四四八　兩廣總督長麟奉上諭著預防英商壟斷澳門貿易
（乾隆五十八年八月二十八日）

動聲色隨時留心查察不可稍事張皇此不過朕思慮所及預為指示以期有備無患想亦必無其事萬一該國有煽惑情弊該督等總當安撫別國商人使其各安生業不令與嘆咭唎勾合仍一面據實速奏候朕裁奪再該使臣入貢時沿途海口曾經降旨飭令該督撫轉飭各營汛排列隊伍以壯觀瞻令該使臣到粵回國時並著該督等即飭各標營所有墩臺營汛及旂幟器械務宜鮮明整肅俾該夷人等見天朝兵威壯盛不敢稍萌輕忽

四四八 兩廣總督長麟奉上諭 著預防英商壟斷澳門貿易(乾隆五十八年八月二十八日)

並禁止洋行別國夷商與彼往來致有勾結之事
將此傳諭長麟並諭郭世勲蘇楞額知之以六百
里加緊發去仍六百里加緊迴奏朕為此事甚縈
念也欽此遵
旨寄信前來

四四九　乾隆致英國國王敕諭

開口貿易斷不可行(乾隆五十八年八月三十日)

奉
天承運
皇帝勅諭嘆咭唎國王知悉爾國王遠慕聲教嚮化
維殷遣使恭賫表貢航海祝釐朕鑒爾國王恭順
之誠令大臣帶領使臣等瞻覲錫之筵宴賚予駢
蕃業已頒給勅諭賜爾國王文綺珍玩用示懷柔
昨據爾使臣以爾國貿易之事稟請大臣等轉奏
皆係更張定制不便准行向來西洋各國及爾國
夷商赴天朝貿易悉於嶴門互市歷久相沿已非

四四四九　乾隆致英國國王敕諭　開口貿易斷不可行(乾隆五十八年八月三十日)

一日天朝物產豐盈無所不有原不藉外夷貨物
以通有無特因天朝所產茶葉磁器絲觔為西洋
各國及爾國必需之物是以加恩體恤在嶴門開
設洋行俾得日用有資並沾餘潤今爾國使臣於
定例之外多有陳乞大乖仰體天朝加惠遠人撫
育四夷之道且天朝統馭萬國一視同仁即在廣
東貿易者亦不僅爾嘆咭唎一國若俱紛紛效尤
以難行之事妄行干瀆豈能曲徇所請念爾國僻
居荒遠間隔重瀛於天朝體制原未諳悉是以命

四四九　乾隆致英國國王敕諭　開口貿易斷不可行(乾隆五十八年八月三十日)

大臣等向使臣等詳加開導遣令回國恐爾使臣等回國後稟達未能明晰復將所請各條繕勅逐一曉諭想能領悉據爾使臣稱爾國貨船將來或到浙江寧波珠山及天津廣東地方收泊交易一節向來西洋各國前赴天朝地方貿易俱在嶴門設有洋行收發各貨由來已久爾國亦一律遵行多年並無異語其浙江寧波直隸天津等海口均未設有洋行爾國船隻到彼亦無從銷賣貨物況該處並無通事不能諳曉爾國語言諸多未便除

四四九　乾隆致英國國王敕諭
開口貿易斷不可行(乾隆五十八年八月三十日)

廣東嶴門地方仍准照舊交易外所有爾使臣懇
請向浙江寧波珠山及直隸天津地方泊船貿易
之處皆不可行又據爾使臣稱爾國買賣人要在
天朝京城另立一行收貯貨物發賣倣照俄羅斯
之例一節更斷不可行京城為萬方拱極之區體
制森嚴法令整肅從無外藩人等在京城開設貨
行之事爾國向在嶴門交易亦因嶴門與海口較
近且係西洋各國聚會之處往來便益若於京城
設行發貨爾國在京城西北地方相距遼遠運送

四四九　乾隆致英國國王敕諭　開口貿易斷不可行(乾隆五十八年八月三十日)

貨物亦甚不便從前俄羅斯人在京城設館貿易因未立恰克圖以前不過暫行給屋居住嗣因設立恰克圖以後俄羅斯在該處交易買賣即不准在京城居住亦已數十年現在俄羅斯在恰克圖邊界交易即與爾國在嶴門交易相似爾國既有嶴門洋行發賣貨物何必又欲在京城另立一行天朝疆界嚴明從不許外藩人等稍有越境攙雜是爾國欲在京城立行之事必不可行又據爾使臣稱欲求相近珠山地方小海島一處商人到彼

四四九　乾隆致英國國王敕諭　開口貿易斷不可行(乾隆五十八年八月三十日)

即在該處停歇以便收存貨物一節爾國欲在珠山海島地方居住原為發賣貨物而起今珠山地方既無洋行又無通事爾國船隻已不在彼停泊爾國要此海島地方亦屬無用天朝尺土皆歸版籍疆址森然即島嶼沙洲亦必畫界分疆各有專屬況外夷向化天朝交易貨物者亦不僅爾嘆咭唎一國若別國紛紛效尤懇請賞給地方居住買賣之人豈能各應所求且天朝亦無此體制此事尤不便准行又據稱撥給附近廣東省城小地方

四四九　乾隆致英國國王敕諭　開口貿易斷不可行(乾隆五十八年八月三十日)

一處居住爾國夷商或准令嶴門居住之人出入自便一節向來西洋各國夷商居住嶴門貿易畫定住址地界不得逾越尺寸其赴洋行發貨夷商亦不得擅入省城原以杜民夷之爭論立中外之大防今欲於附近省城地方另撥一處給爾國夷商居住已非西洋夷商歷來在嶴門定例況西洋各國在廣東貿易多年獲利豐厚來者日衆豈能一一撥給地方分住耶至於夷商等出入往來悉由地方官督率洋行商人隨時稽察若竟毫無限

四四九　乾隆致英國國王敕諭　開口貿易斷不可行(乾隆五十八年八月三十日)

制恐内地民人與爾國夷人間有爭論轉非體恤之意核之事理自應仍照定例在嶴門居住方為妥善又據稱㖊咭唎國夷商自廣東下嶴門由内河行走貨物或不上稅或少上稅一節夷商貿易往來納稅皆有定則西洋各國均屬相同此時既不能因爾國船隻較多徵收稍有溢額亦不便將爾國上稅之例獨為減少惟應照例公平抽收與别國一體辦理嗣後爾國夷商販貨赴嶴門仍當隨時照料用示體恤又據稱爾國船隻請照例上

四四九　乾隆致英國國王敕諭　開口貿易斷不可行(乾隆五十八年八月三十日)

稅一節粵海關徵收船料向有定例今既未便於
他處海口設行交易自應仍在粵海關按例納稅
毋庸另行曉諭至於爾國所奉之天主教原係西
洋各國向奉之教天朝自開闢以來聖帝明王垂
教創法四方億兆率由有素不敢惑於異說即在
京當差之西洋人等居住在堂亦不准與中國人
民交結妄行傳教華夷之辨甚嚴今爾國使臣之
意欲任聽夷人傳教尤屬不可以上所諭各條原
因爾使臣之妄說爾國王或未能深悉天朝體制

四四九　乾隆致英國國王敕諭　開口貿易斷不可行(乾隆五十八年八月三十日)

並非有意妄干朕於入貢諸邦誠心向化者無不
加之體恤用示懷柔如有懇求之事若於體制無
妨無不曲從所請況爾國王僻處重洋輸誠納貢
朕之錫予優嘉倍於他國今爾使臣所懇各條不
但於天朝法制攸關即為爾國代謀亦俱無益難
行之事茲再明白曉諭爾國王當仰體朕心永遠
遵奉共享太平之福若經此次詳諭後爾國王或
誤聽爾臣下之言任從夷商將貨船駛至浙江天津
地方欲求上岸交易天朝法制森嚴各處守土文

四四九　乾隆致英國國王敕諭　開口貿易斷不可行(乾隆五十八年八月三十日)

武恪遵功令爾國船隻到彼該處文武必不肯令
其停留定當立時驅逐出洋未免爾國夷商徒勞
往返勿謂言之不豫也其凜遵毋忽特此再諭

四五〇一 内閣奉上諭 英貢使將赴澳門著路經各省派員照料（乾隆五十八年八月三十日）

乾隆五十八年八月三十日内閣奉

上諭現在嘆咭唎國貢使瞻覲事竣於九月初三日即令起程由内河水路前赴廣東澳門附該國貿易船隻放洋回國已派侍郎松筠沿途照料所有經過各省須專派大員管領兵弁接替護送直隸省著派慶成山東省著派富成江南省著派王柄江西省著派王集廣東省著派托爾歡各該員務須迎逕入境交界處所協同妥為照料管束欽此

四五一　直隸等省督撫奉上諭

英使將赴澳門路經各省須妥為辦理
(乾隆五十八年八月三十日)

大學士公阿　大學士伯和　字寄
直隸山東江南江西廣東各督撫　乾隆五十
八年八月三十日奉
上諭現在𠸄咭唎國貢使瞻覲事竣於九月初三日
起程由內河水路行走赴廣東嶴門附該國貿易
便船回國已派松筠沿途照料其經過各省接替
護送之提鎮大員已派慶成富成王柄王集托爾
歡矣此次該使臣等賚到該國王表文並遞呈稟
有越分妄請恩施之事已頒給敕諭明白詳晰駁

四五一　直隸等省督撫奉上諭

英使將赴澳門路經各省須妥為辦理
（乾隆五十八年八月三十日）

斥此等外夷本屬無知今不准其所請未免心懷
觖望雖經過省分見天朝體制森嚴斷不敢妄滋
事端但所欲不遂沿途或觀望逗遛別生枝節亦
未可定此次派出松筠及接護各提鎮大員原為
催趲彈壓俾貢使等知所畏懾儹程前進所有經
過省分營汛墩臺自應預備整肅倘松筠等有稍
需兵力彈壓之處即應聽其檄調俾資應用若呼
應不靈致有掣肘惟該督撫是問將此各傳諭知
之欽此

四五二　直隸等省督撫奉上諭英人請留京并開口貿易均已駁著預籌海防(乾隆五十八年九月初一日)

大學士公阿　大學士伯和　字寄

直隸山東江南浙江福建廣東各督撫　傳諭

粤海關監督蘇楞額　乾隆五十八年九月初

一日奉

上諭前因𠹭咭唎表文内懇求留人在京居住未准

所請恐其有勾結煽惑之事且慮及該使臣等回

抵澳門揑辭煽惑别國夷商壟斷謀利諭令粤省

督撫等禁止勾串嚴密稽察昨又據該使臣等向

軍機大臣呈禀欲於直隸天津浙江寧波等處海

口貿易并懇賞給附近珠山小海島一處及附近

廣東省城地方一處居住夷商收存貨物種種越

例干瀆斷不可行已發給敕諭逐條指駁飭令使

臣等迅速回國矣外夷貪狡好利心性無常𠹭咭

四五二　直隸等省督撫奉上諭英人請留京并開口貿易均已駁著預籌海防(乾隆五十八年九月初一日)

硃

唎在西洋諸國中較為强悍今既未遂所欲或致稍滋事端雖天朝法制森嚴萬方率服𠸄咭唎僻處海外過都歷國斷不敢妄生衅隙遠越重洋但觀該國如此非分干求究恐其心懷叵測不可不留心籌計預為之防因思各省海疆最關緊要近來巡哨疎懈營伍廢弛必須振作改觀方可有備無患前已屢次諭知該督撫等督飭各營汛於𠸄咭唎使臣過境時務宜鎧仗鮮明隊伍整肅使之有所畏忌弭患未萌今該國有欲撥給近海地方貿易之語則海疆一帶營汛不特整飭軍容併宜預籌防備即如寧波之珠山等處海島及附近嶼門島嶼皆當相度形勢先事圖維毋任𠸄咭唎夷人潛行佔據該國夷人雖能諳悉海道善於駕駛然

四五二　直隸等省督撫奉上諭

英人請留京并開口貿易均已駁著預籌海防(乾隆五十八年九月初一日)

硃

便於水而不便於陸且海船在大洋亦不能進內洋也果口岸防守嚴密主客異勢亦斷不能施其伎倆著傳諭各該督撫飭屬認眞巡哨嚴防海口若該國將來有夷船駛至天津寧波等處妄稱貿易斷不可令其登岸即行驅逐出洋倘竟抗違不遵不妨懾以兵威使知畏懼此外如山東廟島地方該使臣曾經停泊福建臺灣洋面又係自浙至粵海道亦應一體防範用杜狡謀各該督撫惟當仰體朕心會同該省提督及沿海各鎮等不動聲色妥協密辦不可稍有宣露致使民情疑懼如或辦理疎懈抑或過涉張皇俱惟該督撫等是問此係朕思慮所及先行指示想來亦不至有此事也再嘆咭唎航海來京雖曾至寧波海口然祇係暫行寄碇並未躭延多日所有珠山

四五二　直隸等省督撫奉上諭

英人請留京并開口貿易均已駁著預籌海防(乾隆五十八年九月初一日)

一帶何處島嶼可以居住何處港澳可以停泊豈能遽悉其詳諒必有内地漢奸私行勾引前來希圖漁利此等奸民最為可惡長麟現已赴粵吉慶到任後應即嚴切查察究出勾引奸商數人從重治罪以示懲儆即或一時不能查出亦須時刻留心認真訪拏毋任濱海奸民勾結外夷此為最要再粵海關抽收夷商稅課原應按則徵收嚴禁吏胥需索暎咭唎商船來粵較之西洋別國為多將來該國貨船出入固不便遽減其稅亦不可絲毫浮收致該夷商等得以藉口並著傳諭蘇楞額督率稽查公平收納務與西洋別國相同不可獨露市惠紅毛之意轉使驕矜長智也將此遇便傳諭各該督撫遵照妥辦並諭沿海各提鎮知之欽此

四五三　粵海關監督蘇楞額奏折　接收前任監督盛住所留粵海關錢糧事務(乾隆五十八年九月初十日)

奏

蘇楞額　接收交代清楚

交　〇

十月十一日

奴才蘇楞額跪

奏爲接收交代銀數目核清楚恭摺

奏聞仰祈

聖鑒事竊奴才前蒙

恩命補授粵海關監督業將到任接印日期恭摺

奏報在案茲查署理關務將軍八福昌將關庫所貯

税款等項銀兩分別造冊移交前來奴才查閱冊

四五三　粵海關監督蘇楞額奏折

接收前任監督盛住所留粵海關錢糧事務(乾隆五十八年九月初十日)

關前監督盛住任内自乾隆五十七年八月二十六日起
至五十八年七月十八日止計十個月零二十三日共收銀
六十二萬三千二百四兩九分零署理關務將軍 福昌
任内自七月十九日起至八月二十六日止計一個月零八
日除收銀一十九萬七千二百六十九兩五錢八分自乾隆
五十九年分計一年大關各口現報征銀八十二萬二百
一十四兩五錢九分八厘六十年分計一日大關現征銀二百
五十九兩七分二厘所有統計一年零一日通關各口現收
銀八十二萬四百五十三兩六錢七分陸續撥通關經費銀
二萬六千六百九十二兩九錢二分三厘又洋行代夷商報
稅未經完繳五十九年分銀三十七萬八千六百三十七兩
二錢七分二厘六十年分銀二百五十九兩七分二厘又各口五

四五三　粵海關監督蘇楞額奏折

接收前任監督盛住所留粵海關錢糧事務(乾隆五十八年九月初十日)

十九年本分關稅盈餘及已征未解銀二萬五千五百
一兩三錢八分五厘，實在存庫銀三十八萬九千三百伍
三兩一分八厘，又另冊交存平餘罰料等銀一千四百三
十九兩四錢五分八厘，二共存庫銀三十九萬八百二十二兩四
錢七分六厘。奴才俱按冊查明，逐封彈兌，按收清楚。其
各行洋商未繳鈔銀兩，逐單開列清冊，將萬川、福昌交有
經商認狀，即覆在案。查此項商欠稅銀，係前監督
未經報
奏明俟滿限後倘內有未清，起解經部議准在案。
奴才據實核誤，恐行商積習相沿，任意延宕，復傳
集該商具限狀，飭令旦限掃數全完起解，不容稍
有遲誤。奴才仰荷

四五三　粵海關監督蘇楞額奏折
接收前任監督盛住所留粵海關錢糧事務(乾隆五十八年九月初十日)

聖恩畀任海疆榷政責任重大一切督催查察事宜惟
有謹矢清釐詳稽以冀勉竭愚誠之私
高厚於萬一所有接收交代緣由理合恭
摺具
奏伏乞
皇上聖鑒謹
奏
乾隆五十八年十月十四日奉
硃批知道了欽此
九月初十日

四五四 欽差户部侍郎松筠奉上諭著妥辦護送貢使購買茶葉絲斤等事(乾隆五十八年九月十一日)

大學士公阿 大學士伯和 字寄

欽差侍郎松 兩廣總督長 浙江巡撫吉 乾隆

五十八年九月十一日奉

上諭松筠奏遵旨傳示該貢使等欣感情形一摺内
稱該貢使向松筠述稱意欲沿途經過鎮市買些
物件當經松筠諭以爾等需買茶葉絲觔業奉恩
旨准在寧波置買沿途地方貿易商人向不與外
國交易若欲在途買物斷不可行等語所諭甚當
該貢使等見小貪利實為可笑松筠遵旨嚴詞阻
止諒不敢再行瀆請至伊等到定海後購買茶葉
絲觔等物昨已降旨必須官為經理定立價值公
平交易勿令牙行舖户人等經手致啟奸商勾結
等弊想松筠自能體會諭旨妥協辦理此等外夷

四五四　欽差戶部侍郎松筠奉上諭著妥辦護送貢使購買茶葉絲斤等事（乾隆五十八年九月十一日）

在內地購買物件若令其自行交易誠恐人地生
疎鋪戶等不無居奇刻且奸商市儈易於暗中
勾結是以不得不派員為之經理但伊等貿易之
事若竟官為經手與之說合購買則似伊等私事
官為承辦不足以昭體制惟當令派出官役帶同
鋪家持貨至貢使前令其自行交易不過從中彈
壓勿令牙行鋪戶故為昂價並有私相勾結等事
以昭嚴肅而示體恤此事惟在松筠長麟吉慶三
人善為指示令派出官役遵照辦理方為妥善又
據松筠奏經過各處城鄉市鎮不令該貢使隨從
人等上岸亦不許民人近船觀看稍滋事端一節
但該貢使等萬里遠來旋回本國經由內地所過
城鄉市鎮自不應令伊等上岸遊觀至於臨清濟
寧及淮安鎮江蘇揚一帶人烟輻輳商旅雲集亦

四五四　欽差户部侍郎松筠奉上諭著妥辦護送貢使購買茶葉絲斤等事(乾隆五十八年九月十一日)

不妨令該貢使等在船順道觀覽，俾知天朝富庶，祇須留心防範，毋使藉詞登岸逗遛，致滋他弊。若竟閉置舟中，不許見舖商，亦非體恤遠人之意。但從來内外大小臣工辦事，難得適中，非過即不及。松筠等不可不加意體會，得中妥辦也。總須於嚴切之中，仍寓懷柔，俾具知感知畏，方為得當。同日又據長麟奏，該國船隻尚未開行，已因機就計，准令在浙暫住，候旨遵行。所見尚是。前據長麟奏到該國船隻尚在定海停待，已令松筠諭知該貢使，徑由水路赴浙，到定海乘坐原船旋國。今長麟准令原船在浙等候，貢使等竟可前赴定海，不必繞道廣東，事機實為順利。至長麟辦理此事較為熟諳，已於初七日諭知該督，如已將撫篆迎交吉慶，從衢州一帶赴粵，接奉諭旨後，亦仍即行轉回浙

四五四　欽差户部侍郎松筠奉上諭著妥辦護送貢使購買茶葉絲斤等事（乾隆五十八年九月十一日）

江與松筠吉慶會同辦理討長麟接奉此旨即已起程在途想必未出浙省長麟自當遵照前旨轉回省城會同妥辦也至松筠另片奏稱直隸原派道員喬人傑副將王文雄照料貢使較為熟習請與帶出之内務府司員觀豫一同至浙可期得力等語自應如此辦理至徵瑞應否同往原批諭松筠自行酌定今思照料貢使既有該道將在彼並帶有内務府司員一同前往沿途又有各該省地方文武員弁接替護送儘足以資照料徵瑞本任亦有應辦之事竟可毋庸令其前往即於送出直境後令其遄回可也將此由六百里各諭令知之

欽此遵

旨寄信前來

四五五 廣東巡撫郭世勳奏折

在澳門通告英使進京情形以防被煽惑(乾隆五十八年九月十三日)

署理兩廣總督印務廣東巡撫臣郭世勳跪
粵海關監督臣蘇楞額

奏為續奉
諭旨恭摺覆奏仰祈
聖鑒事竊臣郭世勳前奉
諭旨以𠸄咭唎國使臣進京輒有祈請令俟其過粵
時密行防範等因當將辦理情形恭摺覆
奏在案茲臣等復欽奉
諭旨𠸄咭唎夷船五隻自浙開行經過粵東洋面即
聽其先行回國勿任逗遛澳門地方西洋各國人

四五五　廣東巡撫郭世勳奏折

在澳門通告英使進京情形以防被煽惑(乾隆五十八年九月十三日)

在彼貿易此内即有暎咭唎之人現在不便因該
國妄有懇乞禁其貿易特恐該貢使因不遂所欲
與各處夷商勾串齊行小有煽惑不可不預為之
防等因欽此又奉
諭旨暎咭唎於西洋諸國中較為強悍或因不遂所
欲於奧門夷商内勾通煽惑且揑稱受恩優渥妄
欲總理各國貿易從中抽分長麟到粵總在該貢
使之先務須會同郭世勳藉楞額先向别國夷商
詳悉曉諭勿為其所愚再奧門有西洋尼僧夷商
俱極信奉未知與暎咭唎是否一氣交結即據實

四五五 廣東巡撫郭世勳奏折

在澳門通告英使進京情形以防被煽惑(乾隆五十八年九月十三日)

速奏該貢使等過粵時並禁止洋行別國夷商與
彼往來等因欽此欽遵到臣等仰見我
皇上睿慮周詳
訓辭諄切防微杜漸不啻至再至三臣等不勝欽服
伏念外夷各國疆域攸殊性情各別仰賴
皇威
聖德震懾涵濡百數十年來到廣貿易從無滋事今
暎咭唎貢使進京冒昧陳乞仰蒙
敕書諭駁足以絶其非分之思至於奧門居住夷商
多係西洋別國之人與暎咭唎本非一氣因伊

四五五 廣東巡撫郭世勛奏折

在澳門通告英使進京情形以防被煽惑(乾隆五十八年九月十三日)

等在該處住居日久一切房舍食用俱屬便宜
如有暎咭唎夷商到粤須向西洋人賃屋居住
每歲不過數十人住粤亦不過數十日彼此並
無買賣交涉之事今蒙
聖主垂屋恐其因所請不遂輒行勾結煽惑妄欲總
理抽分誠為防範於未形第查該夷人等赴内
地貿易無非各趨其利並不互相關照且各口
岸市易章程久奉定例凡價值之低昂貨稅之
盈縮俱由監督稽查彈壓該夷人等即欲從中
把持亦斷不能施其伎倆惟暎咭唎素稱强悍

四五五 廣東巡撫郭世勳奏折

在澳門通告英使進京情形以防被煽惑(乾隆五十八年九月十三日)

恐其此次進京回粵故作矜張詭稱受正為此所以有
恩優渥希圖恫喝各國藉此漁利亦未可定查澳門
同知韋協中人尚曉事臣等已飛調該員至省然須不動聲色
面為囑咐令其於接見西洋夷商時作為無意須防於心而不形
中將此次𠸄咭唎貢使進京所得不過尋常
賞賚該國懇請留人住京已奉
敕書諭駁之處向其述知俾各曉悉是梗槩將来不致
為其所愚而𠸄咭唎夷人亦無從售其狡計再
澳門地方向有尼僧一人在彼焚修為西洋夷
人所信奉該尼僧居住番樓不常與人接見西

四五五　廣東巡撫郭世勛奏折

在澳門通告英使進京情形以防被煽惑（乾隆五十八年九月十三日）

洋夷人等有疑難事件則决之於該尼僧該尼
僧判斷指示俱能服衆以此全澳夷人受其約
束不敢稍有滋事至於嘆咭唎夷人到澳不過
暫時僑寓去住無常並不聽西洋尼僧教令尼
僧亦視以膜外可信其必無串合情事毋庸令
該尼僧暗中主持所有嘆咭唎貢使進京光景
既經該國夷人聞知自必轉為傳述可以不必
特向該尼僧告知臣等查嘆咭唎貢船五隻已
由浙江開洋計算海程迅速到粵不遠現已派

四五五　廣東巡撫郭世勛奏折

在澳門通告英使進京情形以防被煽惑(乾隆五十八年九月十三日)

委員弁帶領引水前往老萬山一帶探聽如其逕由外洋回國則聽其自去或該船欲在澳門停泊則當欽遵

諭旨飭令迅速開行不任藉詞擔擱致滋事端本年暎咭唎國尚有裝貨未經出口現泊黃埔之船將來貢使欲附船回國儘可乘坐彼時督臣長麟業經到任臣等當會同悉心商酌設法令各國夷人不與該貢使往來並令搭附貨船迅速開行其自黃埔登舟後當即催令開洋不復再赴澳門停留容俟臣等妥協經理隨時奏

四五五 廣東巡撫郭世勛奏折

在澳門通告英使進京情形以防被煽惑(乾隆五十八年九月十三日)

聞以仰副
聖主屢念夷情有備無患之至意再將來該貢使等自南雄府保昌入境所過水陸塘汛墩臺兵丁䂍械旗幟臣郭世勳現復疊檄該鎮協營務須一律嚴整鮮明以肅觀瞻而昭體制俾該夷人等望而生畏不敢稍存輕忽所有臣等續奉
諭旨體察辦理緣由謹遵
旨繕摺由驛六百里加緊覆
奏伏乞

四五五　廣東巡撫郭世勛奏折

在澳門通告英使進京情形以防被煽惑(乾隆五十八年九月十三日)

皇上睿鑒謹

奏

另見告奏好有旨

乾隆五十八年九月　十三　日

四五六　欽差户部侍郎松筠奉上諭著嚴禁奸商與英吉利人勾串（乾隆五十八年九月二十二日）

大學士公阿　大學士伯和　字寄
欽差侍郎松　兩廣總督長　浙江巡撫吉　江蘇
巡撫奇　乾隆五十八年九月二十二日奉
上諭據吉慶奏遵旨嚴禁奸商與暎咭唎夷人勾串
一摺已於摺內批示又據片稱暎咭唎船隻因連
日風順小船於初八日開行大船三隻亦擬於初
九日開行經總兵馬瑀曉諭該夷官等以業經奏
准等待貢使必須候旨遵行隨據該夷官等答稱
原欲等候貢使今因病體沉重難以久留倘貢使
就到我留大船一隻並舵水人等共一百二十餘
名在此等候吉慶飛咨馬瑀等將所留大船一隻
派員看守不令開行等語暎咭唎船隻到定海時
因患病人多懇留調治經長麟准其暫留候旨今
又藉稱病重忽欲先行回國夷性反覆靡常現據

四五六　欽差户部侍郎松筠奉上諭

著嚴禁奸商與英吉利人勾串
(乾隆五十八年九月二十二日)

吉慶諭令留船一隻甚爲寬大足供貢使乘坐之用亦衹可如此辦理著傳諭松筠即向該貢使諭知以該國原船因該夷官等患病急欲先行經浙江巡撫諭令暫停等候是以該夷官已留大船一隻並舵水人等一百二十餘名在浙等候俟貢使到日再行續開此係汝夷官硬行要去中國以無甚緊要之事聽其開行並經浙江巡撫親往看視足敷乘坐爾等仍當赴浙乘坐原船歸國倘或該貢使等詭稱船少又欲遷延觀望即應嚴辭斥駁諭以此係爾等夷官不肯停待自欲先行並非浙江地方官飭令開船今已留大船一隻足敷乘坐自應速赴浙江登舟毋得託故逗遛别生枝節松筠傳諭後伊等如何登答是否悦從及有無他説

四五六　欽差户部侍郎松筠奉上諭著嚴禁奸商與英吉利人勾串（乾隆五十八年九月二十二日）

之處即行據實六百里加緊速奏此事惟在松筠
與長麟吉慶會同辦理務臻妥協又同日據長麟
奏九月十二日已抵常山現在馳赴粤省與郭世
勳相機妥辦等語前已有旨諭令長麟暫緩赴粤
如已起程在途速行轉回浙省會同松筠吉慶辦
理該貢使等起身登舟各事宜長麟發摺時尚未
接到前旨計日内早已接奉諭旨遵即回浙現在
貢使於十四日行抵德州計月底可入江南境彼
時長麟自已早到浙省矣至所奏招募採取蛋魚
之人於有水師各省撥給一二十名分派賞給雙
分戰糧以備制勝夷船之用等語所慮未免過當
暎咭唎夷性狡詐此時未遂所欲或致尋衅滋事
固宜先事防範但該國遠隔重洋即使妄滋事端
尚在二三年之後况該貢使等目覩天朝法制森

四五六　欽差户部侍郎松筠奉上諭

著嚴禁奸商與英吉利人勾串
（乾隆五十八年九月二十二日）

嚴營伍整肅亦斷不敢遽萌他意此時惟當於各
海口留心督飭嚴密巡防以期有備無患若即招
募蛋户備用此等撈取蛋魚之人素以捕魚爲業
於營伍技藝本不諳習若令伊等舍其本業入伍
食糧即賞給雙分戰糧亦恐不副其願而在營久
候轉致入水生疎於事尤屬無益且各省營制向
無此等蛋籍今以之分隸各營須補額缺豈不貽
笑營伍況各省撥給一二十名在營爲數甚少焉
能得力在蛋户則所缺多矣必致失所此事失算
即使嘆咭唎或有衅端必須防禦亦當在數年之
後不妨臨時加價雇用又何必預行招募致滋紛
擾長麟雖能用心思但所奏此一節未免失之迂
闊竟可毋庸辦理又據奇豐額奏嘆咭唎貢使現
由江蘇赴浙已飭令多備縴夫迅速前進其人烟

四五六　欽差户部侍郎松筠奉上諭

著嚴禁奸商與英吉利人勾串
（乾隆五十八年九月二十二日）

輳集之所毋庸停泊等語前已有旨令松筠於該
貢使經過都會地方不妨令其順道觀看俾知天
朝富庶景象但不可任意停泊致有逗遛也將此
由六百里各諭令知之欽此遵
旨寄信前來

四五七　欽差户部侍郎松筠奏折

英使途次祗領賞物請準前往黄埔已駁回(乾隆五十八年九月二十二日)

奴才松筠跪

奏為貢使等祗領

恩賞奶餅感激禀述緣由仰祈

睿鑒事本月二十日奉到

硃批奏摺並欽奉

上諭松筠奏暎咭唎貢使於十四日行抵徳州並沿

途欽遵諭旨隨時妥辦各摺諸凡皆妥覽奏欣慰

此事松筠在軍機處行走面聆諭旨其顛末係所

深悉松筠起身時朕復詳加面諭令該貢使等沿

四五七　欽差户部侍郎松筠奏折

英使途次祇領賞物請準前往黄埔已駁回(乾隆五十八年九月二十二日)

途行走甚為安静能知小心畏法自無虞其鯱延

但其人心志鬼詐總宜持之以法不可犯毋任使

巧現據吉慶奏於初五日已抵浙任事長麟因其

細心亦已有旨令其回浙同辦計松筠於十月半

間可抵浙江與長麟吉慶會晤松筠將朕面為指

示之處詳悉告知伊等三人公同商酌自然諸事

合宜副朕委任如該貢使等置買茶葉絲斤完竣

即行上船開行回國固屬甚善倘該貢使等尚有

籍詞逗遛之處想松筠等定能面為曉諭詞嚴義

正飭令即行開船該貢使自必凛遵也將此諭令

四五七　欽差户部侍郎松筠奏折

英使途次祗領賞物請準前往黄埔已駁回(乾隆五十八年九月二十二日)

知之所賞食物另有旨欽此又軍機大臣寄札内
開蒙
頒賞該貢使等奶餅一匣令其吉祥回國奴才當即傳
知該貢使等因正使頭疼該副使先至奴才舟中
稟稱聞得
大皇帝恩賞食品歡喜之至但正貢使實因偶感風
寒現在卧病等語奴才雖知其患病然未可聽其
自便即諭以
大皇帝恩賜之件理應正副貢使同來祗領次日早
晨該正貢使停舟相待扶病同副貢使至奴才舟

四五七　欽差户部侍郎松筠奏折
英使途次祗領賞物請準前往黄埔已駁回(乾隆五十八年九月二十二日)

中奴才敬宣
恩旨諭以
大皇帝知道爾等感念
聖恩因爾等回國路途遥遠
特賞奶餅一匣俾爾等平安吉祥回國該貢使等免
冠屈膝喜形於色據稱我等受了許多
恩典屢蒙
聖心垂念今又
賜以吉祥我等心裡寔切感激這樣遠路蒙

四五七 欽差户部侍郎松筠奏折

英使途次祇領賞物請準前往黄埔已駁回(乾隆五十八年九月二十二日)

恩賞此貴重食品我等猶獲珍寶一定得以平安回
國等語察其意甚真切又據稱我等由浙江定
海乘坐原船回國將來順便還要到廣東澳門
口岸看我國在彼貿易的人不知可以乘坐大
船到黄浦地方否等於該處情形未能知悉然
聞黄浦地方距廣東省城僅三十餘里似無准
其大船直到黄浦之理因諭以澳門口岸係爾
等向來貿易之地爾等原可前往至黄浦地方
大船亦不能去例上亦不准去所請斷乎不可
伊等點首凜遵復據稱我等此次船隻到廣東

四五七 欽差户部侍郎松筠奏折

英使途次祇領賞物請準前往黄埔已駁回(乾隆五十八年九月二十二日)

時未知可以免稅否奴才即諭以
大皇帝早有
恩旨諭令此次免抽爾等貢船之稅伊等聽聞之際
頗形感激奴才因詢其由定海赴嶴門之程途日
期據稱如遇順風不過十日内外可抵嶴門但
風信靡常或走一兩月亦未可定等語奴才伏思
嶴門地方係外洋各國向來貿易口岸伊等駛
至大洋自不能禁其前往但黄埔地方向來各
國貿易夷人有無乘坐大船前往之處自應先
期查察使無從施其譎詐伎倆方爲妥善長麟

四五七　欽差户部侍郎松筠奏折
英使途次祇領賞物請準前往黄埔已駁回(乾隆五十八年九月二十二日)

屡奉
諭旨訓示自能敬體遵行但俟該夷船由定海放洋後長麟始啟程赴粤道途迂遠或恐海洋風順長麟到在夷船之後此時夷使既往澳門無欲前赴黄浦是廣東應辦之事較之浙省尤關緊要奴才愚昧之見或奴才一到杭城會晤長麟即將此事之顛末及奴才疊次面聆
皇上諄切
訓諭一一詳晰告知長麟俾能領會

四五七 欽差户部侍郎松筠奏折

英使途次祗領賞物請準前往黄埔已駁回(乾隆五十八年九月二十二日)

聖意其浙省應辦之事奴才亦細詢長麟公同吉慶商
定後似可即由杭城先令長麟馳赴粤省計奴才
等由杭州前赴寧波程途及貢使等置買茶葉
絲斤收拾行李搬移船隻諸事完畢約需二十
餘日夷船始能開行彼時長麟已可將次抵粤
會同郭世勳先期豫爲籌辦一切庶諸事得以
從容不致稍有疎漏如蒙
俞允將來奴才抵浙之際或該貢使等知總督尚在彼
處欲求面見則長麟與之講論察看情形得有

四五七　欽差户部侍郎松筠奏折　英使途次祇領賞物請準前往黄埔已駁回(乾隆五十八年九月二十二日)

把握將來到廣東任後隨事相機酌辦更可期
於得手是否伏候
訓示遵行其管押貢使置買茶葉絲斤催令開船啓
程不許牙行鋪户私與經手仍不露官爲經理
及稽察奸商勾結情弊𡖖會同吉慶凛奉
訓旨悉心勉力遵循辦理以期敬副
委任至該貢使等在途行走安静能知小心畏法寔
仰賴
德威丕著其感戴慴伏有以深入隐微𡖖惟有隨時
隨事遵

旨持之以不可犯之法毋任使其巧詐總期諸事妥
速完竣該貢使放洋開行後𠔁即星馳回京恭
復
恩命現在連夜遄行約二十七八等日可出東境合
併陳明伏乞
皇上睿鑒謹
奏
硃批：知道了
乾隆五十八年九月 二十二 日

四五八　軍機大臣傳奉上諭

著松筠於英使登船時賞賜福字并面諭所請各條均不允準(乾隆五十八年九月二十三日)

癸丑

諭軍機大臣曰松筠奏連日途次泊舟時該貢使過船求見款曲稟述似有冀圖轉達天聽之意等語該使臣連次過船求見松筠婉詞稟述自以松筠係欽差照料伊等之人可將其感激悔懼之意代為奏達但朕此時不值特降諭旨計該貢使十月望間方可到杭州省城再由省城前往寧波上船候風放洋已在十月底十一月初間該貢使等應在洋面度歲著發去御書福字一個繡蟒袍一件錦緞五匹葫蘆大荷包一對小荷包六個賜與該國王又御書福字一個

四五八　軍機大臣傳奉上諭

著松筠於英使登船時賞賜福字并面諭所請各條均不允準(乾隆五十八年九月二十三日)

賞給貢使以下人等，並另賞正使錦緞大緞
各一匹大荷包一對小荷包四個副使大錦
緞一匹大荷包一對小荷包二個，著松筠等
於該貢使將次上船時傳旨賞給並諭以大
皇帝念爾國王誠心効款，遣爾等遠涉重洋
進京祝嘏，大皇帝嘉爾等恭順，已優加宴賚
且以爾等沿途安靜。今當旋國之時，新正將
近，特賜爾國王御書福字一個，俾爾國王得
荷天朝數錫。永迓新正祥禧並蟒緞荷包等
件，用昭恩眷。又御書福字一個，係賞爾正副
貢使，及合船人等，因爾等在洋度歲，俾得共
仗大皇帝洪福，吉祥如意，安穩涉洋。並另賞

四五八　軍機大臣傳奉上諭

著松筠於英使登船時賞賜福字并面諭所請各條均不允準(乾隆五十八年九月二十三日)

爾等綴匹荷包爾等益當感激大皇帝有加無已之恩此一節着松筠於到寧波後屆期會同長麟吉慶遵照辦理。松筠仍先向該貢使面諭。以爾等前此在京所請各條。不但與天朝體制不符。亦於爾國無益。是以未便准行。已於勅諭内逐條明白曉示。爾國王素屬波等處向無洋行通事。與外夷交易之例是以未允所請。其嶴門貿易。已百有餘年況此次爾國王又遣爾航海遠來。輸誠納貢極為恭順。豈有不准爾國貿易之理爾等儘可安心旋國。一一轉告爾國王知悉。將來爾國夷

商到嶴門貿易者，仍與各國一體公平抽稅
照料體䘏爾等，轉不必過慮也。如此詳悉諭
知該貢使自當益知感畏敬謹遵奉。將此由
五百里諭令知之

四五八　軍機大臣傳奉上諭著松筠於英使登船時賞賜福字并面諭所請各條均不允準(乾隆五十八年九月二十三日)

四五九 粵海關監督蘇楞額奏折

粵海關關税一年期滿比較
(乾隆五十八年九月二十四日)

奴才蘇楞額跪

奏爲關税一年期滿接准移交恭摺具

奏事竊奴才荷蒙

恩命補放粵海關監督於乾隆五十八年八月二十

七日抵任接印准署理關務將軍臣福昌移交

内稱粵海關應徵乾隆五十九年分正雜銀兩

自乾隆五十七年八月二十六日徵收起扣至

五十八年八月二十五日已届一年期滿例應

先將總数

奏明俟查核支銷確数分欵造具清册委員解部

仍行具
題奏報茲查前任監督盛住自乾隆五十七年八
月二十六日起至五十八年七月十八日調任
交卸止計徵收十個月零二十三日福昌署理
關務自七月十九日起至八月二十五日止計
接徵一個月零七日兩任統計一年通關各口
共收正雜盈餘銀八十八萬五千六百一十二
兩七錢九分九釐案查乾隆四十六年二月十
三日准部劄行奉
旨粵海關徵收稅課向來原視洋船之多少貨物之

四五九 粤海關監督蘇楞額奏折

粤海關關税一年期滿比較
(乾隆五十八年九月二十四日)

粗細以定盈絀非滸墅等關徵收内地貨物者可比嗣後該部查核粤海關徵收税課即以該年之船隻貨物核實考察毋庸照各關例照上三届比較欽此欽遵在案又於乾隆四十七年四月内經户部議准粤海關税銀以乾隆四十一二兩年作爲比較亦在案復查上届乾隆五十八年分計到洋船五十五隻徵收銀一百一萬一千四百兩零今五十九年分計到洋船四十四隻徵收銀八十八萬五千六百兩零雖與四十一二兩年比較有盈但核與上年少收銀一十二萬

四五九　粤海關監督蘇楞額奏折

粤海關關税一年期滿比較
(乾隆五十八年九月二十四日)

五千八百兩零福昌署理關務留心查察實因
所到公司祖家大船祇有十隻其餘俱係外洋
港脚客船以致税課未能豐裕合將通關各口
徵收銀數分晰造册移交
奏報等因前來所有乾隆五十九年分前監督盛
住暨署理關務將軍臣福昌兩任徵收關税期
滿緣由謹據移恭摺具
奏伏乞
皇上睿鑒謹

四五九 粵海關監督蘇楞額奏折

粵海關關稅一年期滿比較
(乾隆五十八年九月二十四日)

知道了

奏

乾隆五十八年九月 二十四 日

四六〇　軍機大臣傳奉上諭　著長麟於會晤松筠後馳赴廣東預為料理英使事宜(乾隆五十八年九月二十五日)

乙卯。

諭軍機

大臣曰。松筠奏暎咭唎貢使。祇領恩賞奶餅。感激歡忭及松筠曉諭該貢使情形一摺。所辦甚是。但松筠所言西洋各國夷商，俱在澳門交易而紅毛各船，不當在黃埔灣泊一節，今據福康安稱，前在廣東時，即於黃埔地方查勘，本係該國貨船停泊之處。澳門轉無暎咭唎船隻。今松筠所言。竟屬知其一。不知其二，松筠未曾到過廣東，於彼處情形，自未能熟諳。即長麟亦恐未能知悉，此次該貢使既欲於回國之便。到廣東黃埔地方，看視伊國

四六〇　軍機大臣傳奉上諭

著長麟於會晤松筠後馳赴廣東預為料理英使事宜(乾隆五十八年九月二十五日)

貿易之人祇好聽其自便惟該使臣到黄埔時著長麟遵照前次諭旨不動聲色先為密諭總門西洋别國夷商勿為夷使所惑此為最要至該貢使到寧波後乘坐原船由外洋行走如得順風較之長麟由内河到粤自為迅速今松筠請令長麟在杭州省城見過使臣後即馳赴粤省該使臣由杭城前赴寧波置買茶葉絲觔再遲二十餘日開船放洋長麟自必先到粤東會同郭世勳豫為籌辦諸事得以從容自當如此著傳諭長麟即照松筠所請於會晤松筠商定一切後即馳赴粤東先為料理將此由六百里諭令知之

四六一　欽差户部侍郎松筠奉上諭著傳知貢使準其赴黄埔看視并長麟見過貢使即赴廣東(乾隆五十八年九月二十八日)

大學士公阿　大學士伯和　字寄
欽差侍郎松　兩廣總督長　浙江巡撫吉　乾隆
五十八年九月二十八日奉
上諭郭世勳奏本年嘆咭唎國尚有裝貨未經出口
現泊黄埔之船將來貢使欲附船回國儘可乘坐
等語可見廣東黄埔地方原係嘆咭唎夷商船隻
例應停泊之所松筠前奏面諭該貢使以該國夷
商止准在澳門貿易不當前赴黄埔之處自因松
筠未曾到過廣東不知該處情形業已有旨詳悉
諭知著再傳諭松筠於途次接見該貢使之便諭
以爾等前懇欲赴黄埔看視爾國貿易之人我緣
未知詳細是以未允爾等前往今細訪廣東洋行
貿易情形知爾國船隻向在黄浦灣泊澳門轉非

四六一　欽差户部侍郎松筠奉上諭

著傳知貢使準其赴黄埔看視并長麟見過貢使即赴廣東（乾隆五十八年九月二十八日）

硃

爾國夷商聚集之處爾欲赴黄埔可以聽爾等之便松筠如此傳知該貢使知准（此為最要）伊前往黄埔自必倍加感激至將來該貢使到黄埔後如不過看視伊國貿易之人畧為耽擱即行開船旋國並無别語則已倘該貢使以黄埔係伊國夷商泊船之所向無房屋向該督撫禀請欲仿照澳門之例建蓋房屋砌築砲臺長麟等即當詞嚴義正面加駁飭

硃

以天朝法度向有定制爾所請於定制（此亦必當禁者）不協不便准行如此嚴切諭知想該使臣亦不敢再行妄瀆也又據長麟奏貢使由浙開船倘遇順風十日内即可過廣東長麟於事畢後趕赴廣東計程四千餘里至速亦須二十餘日等語前據松筠奏請貢

四六一　欽差户部侍郎松筠奉上諭

著傳知貢使準其赴黄埔看視并長麟見過貢使即赴廣東(乾隆五十八年九月二十八日)

使到杭州省城與長麟相見後長麟即先行起程赴粤以便到彼預籌一切已降旨允准長麟想尚未接奉前旨故有此奏長麟若俟貢使放洋後再起程赴粤固不能趕在貢使之前今貢使由杭州前赴寧波又置買絲斤茶葉等物約有二十餘日躭擱開船後即遇順風到粤亦須十日共計有一月之期而長麟在杭州見過貢使即行起身回粤不過二十餘日可到粤東計其抵粤程期總可較貢使早到十餘日所有貢使經過廣東應行籌辦各事宜儘可與郭世勳從容佈置無虞遲悮也將此六百里加緊傳諭松筠等並諭郭世勳蘇楞額知之欽此遵

旨寄信前來

四六二　欽差户部侍郎松筠奏折

傳知英使澳門貿易就近由長麟管理

(乾隆五十八年九月二十八日)

奴才松筠跪

奏爲奏明遵

旨詳悉諭知嘆咭唎貢使等欣感悦服情形仰祈

聖鑒事竊奴才於本月二十七日奉到寄信

諭旨一道仰見

聖慮周詳

恩威並著奴才跪讀之下曷勝欽佩並發到

御書福字繡蟒袍錦緞大小荷包等件又

賞給嘆咭唎國王

賞給貢使以下人等

四六二 欽差戶部侍郎松筠奏折
傳知英使澳門貿易就近由長麟管理
(乾隆五十八年九月二十八日)

御書福字及正副貢使緞疋大小荷包等件敬謹收
貯俟臨時會同長麟吉慶敬宣
恩旨依次
頒賞再行恭摺具奏外兹因正貢使病體尚未全
愈奴才略示體恤過舟慰問與之閒談作爲己意
謹遵
旨先諭以爾等在京所請各條與
天朝體制不符於爾國亦屬無益未便准行
勅諭内已蒙逐條明白曉示爾國王素屬曉事斷不
因所請未遂致怪爾等至天津寧波等處向無

四六二　欽差户部侍郎松筠奏折

傳知英使澳門貿易就近由長麟管理
（乾隆五十八年九月二十八日）

洋行通事交易之例是以未允所請其澳門貿
易已百有餘年況此次爾國王遣爾等航海輸
誠極為恭順豈有不准爾國貿易之理爾等儘
可安心回國一一轉告國王知悉將來爾國夷
商到澳門貿易者仍與各國一體公平抽稅照
料體恤爾等轉不必過慮等因向其曉諭據稱
我國王寔係真心仰慕
大皇帝福壽功德所以差我等進京瞻覲以表恭敬
之心今蒙
大皇帝這樣

四六二　欽差户部侍郎松筠奏折
傳知英使澳門貿易就近由長麟管理
(乾隆五十八年九月二十八日)

恩待是我國王恭敬的意思得邀
大皇帝鑒照廣東澳門的買賣得以永遠沾
恩我國王必定歡喜我等便可放心等語奴才復告以
我蒙
大皇帝派令照料爾等遂次與爾等時常相見所有
我遵
旨諭知爾等言語看爾等頗知領會從前爾等在熱
河時照料爾等者都是軍機大臣我位次居末
爾等曾見在我前列者尚有四人他們才情辦
事皆遠勝於我尚有兩位高年閣老留在京中

四六二　欽差户部侍郎松筠奏折　傳知英使澳門貿易就近由長麟管理（乾隆五十八年九月二十八日）

爾等還未曾得見可知
天朝人才之多
大皇帝任使之當據稱中國
大皇帝駕下賢臣最多
大皇帝所辦之事俱按大理大臣們都能遵
旨辦事都是我們知道敬服的那兩位高年閣老我
等雖有所聞可惜未得見面想來更能辦事仰
見
大皇帝德大福大寔無倫比等語㕘又告以中國大
臣辦理一切事務俱是禀遵

四六二　欽差户部侍郎松筠奏折

傳知英使澳門貿易就近由長麟管理

（乾隆五十八年九月二十八日）

大皇帝指示教導即如我沿途照料諭知爾等一切
都是恭承
大皇帝聖訓爾等想來知道至此時新任兩廣長總
督亦係素能辦事之人
大皇帝特加委用與我相等爾等到浙江時就可與
之相見長總督亦即赴兩廣之任將來爾國在
澳門的賣買長總督一定就近照管若爾國夷
商照舊安分他必能遵奉
恩旨曲加體恤如爾等有非分妄干之事他必駁斥
不准爾等見了長總督便可知道據正貢使稱

四六二　欽差户部侍郎松筠奏折　傳知英使澳門貿易就近由長麟管理
（乾隆五十八年九月二十八日）

我們夷商是再不敢無故妄干多事的今蒙
大皇帝恩典令總督就近照管我等得有依靠寔在
感激歡喜但恐回去告知國王未必肯信若蒙
大皇帝加恩將總督照管貿買一節另降一道
勅諭令我國王知悉則更感戴不盡等語奴才諭以廣
東澳門貿買前次所降
勅諭内已蒙詳悉
指示爾國王自然領悉況且長總督遵奉
恩旨將來定能照料體恤爾等回國即以此告知爾
國王斷無不信之理汝應安心養病不必多疑

四六二　欽差户部侍郎松筠奏折

傳知英使澳門貿易就近由長麟管理
(乾隆五十八年九月二十八日)

大皇帝勅諭豈可以妄求得的總是爾等到浙江見
了長總督一切更可放心該貢使等點首聲稱
蒙如此曉諭我等心裡明白領悉果然見過長
總督將來就可以對荅國王我的病也必就好
了回去告知國王感念
皇恩永遠不忘還求大人回去時務將我們感激的
情由轉奏
大皇帝是所切望等語𡚁察其詞色該貢使等言及
皇上恩慈下逮則歡顏樂道言及
皇上用人行政則肅然動容且蒙

四六二　欽差户部侍郎松筠奏折
傳知英使澳門貿易就近由長麟管理
(乾隆五十八年九月二十八日)

恩令總督就近照管奧門伊等貿易之事其心更覺
有所依倚此次遵照
聖明指示詳悉諭知其感戴敬服之意較之前此情
狀尤屬出於真誠將來屆期頒給
賞賜福字等件伊等及伊國王又得普沐
恩施自必倍為感悦所有該貢使等回說一切情形
理合由六百里覆奏伏乞
皇上睿鑒謹
奏
欣悦下之諸凡妥吉好心矣

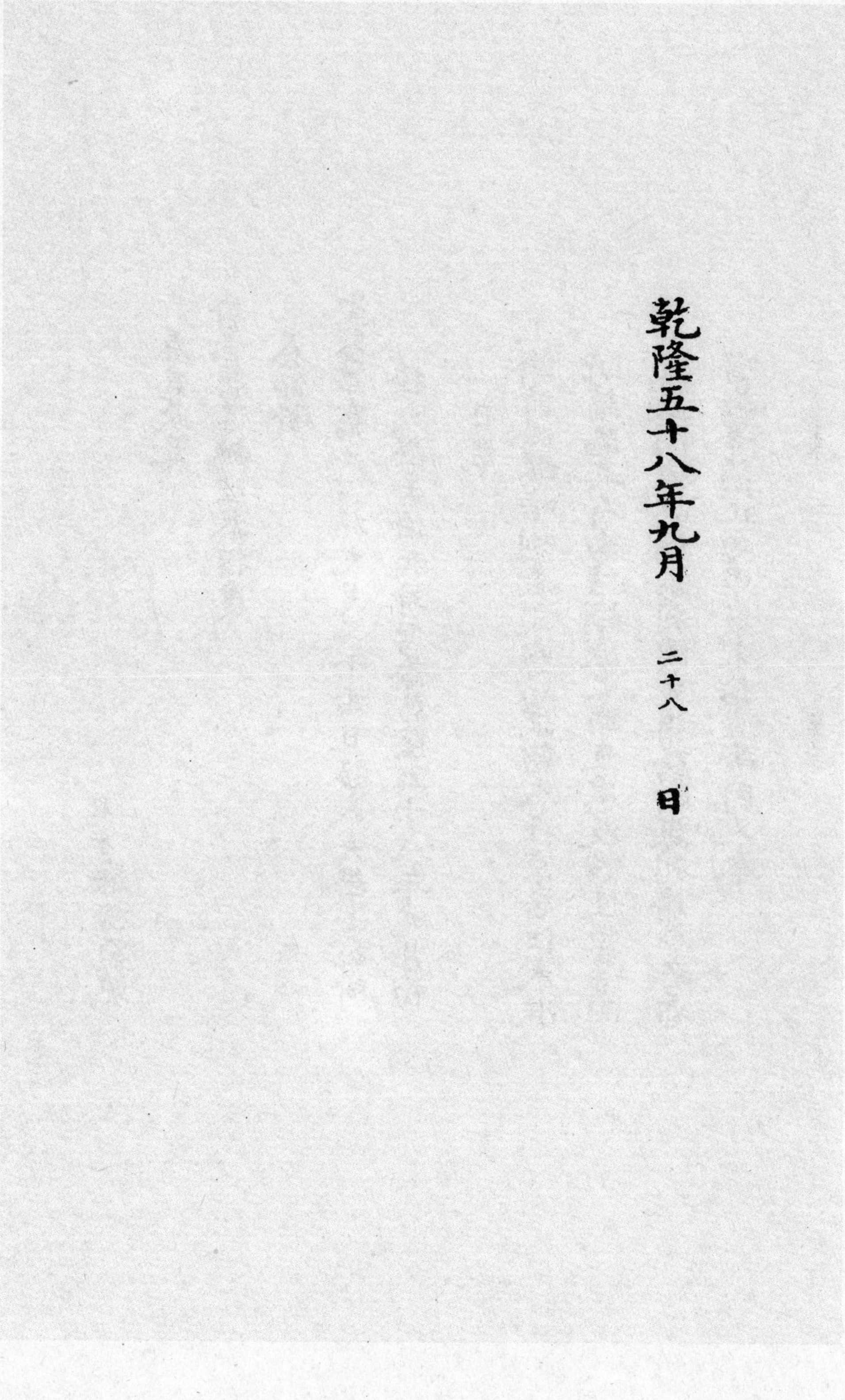
乾隆五十八年九月　二十八　日

四六二　欽差户部侍郎松筠奏折

傳知英使澳門貿易就近由長麟管理
（乾隆五十八年九月二十八日）

四六三 粤海關監督蘇楞額奏折

英船與西洋各國船隻一體收税并無增減(乾隆五十八年九月二十八日)

奴才蘇楞額跪

奏爲欽奉

諭旨凛遵辦理恭摺覆

奏仰祈

聖鑒事竊奴才於九月二十四日接奉大學士公阿

桂大學士伯和珅傳諭乾隆五十八年九月初

一日奉

上諭前因暎咭唎表文内懇求留人在京居住未准

所請恐其有勾結煽惑之事且慮及該使臣等回

抵粤門控詞煽誘别國夷商壟斷謀利諭令粤省

督撫等禁止勾串嚴密稽查等因又奉

四六三 粵海關監督蘇楞額奏折

英船與西洋各國船隻一體收稅并無增減(乾隆五十八年九月二十八日)

諭旨粵海關抽收夷商稅課原應按則徵收嚴禁吏
胥需索暎咭唎商船來粵較之西洋別國為多將
來該國貨船出入固不便遽減其稅亦不得絲毫
浮收致該夷商等得以藉口並著傳諭蘇楞額督
率稽查公平收納務與西洋別國相同不可獨露
示惠紅毛之意轉使驕矜長智也等因欽此仰見
聖主廑念榷務夷情周詳
指示於不動聲色之中寓杜漸防微之意奴才捧誦
諭旨不勝欽服伏念外洋各國船隻來赴粵東貿易
大約暎咭唎貨物居其大半各該夷人等仰沐
國朝覆幬鴻慈淪肌浹髓百數十年來咸知震慴

四六三　粤海關監督蘇楞額奏折

英船與西洋各國船隻一體收稅并無增減（乾隆五十八年九月二十八日）

皇威不敢稍有滋事今嘆咭唎國貢使進京妄有干
請仰蒙
勅書指駁杜其越分之思伊等當亦自知冒昧至粤
海關徵收出入貨稅俱有一定則例歷來遵照
辦理無從高下重輕奴才接任後每遇洋船進
口即親赴黄埔丈量並不假手吏胥亦不稽遲
時日尚無偷漏隱匿情弊而夷人自墺赴省及
自省回墺所過大小關口俱有家人書役在彼
稽查奴才恐伊等藉詞勒索或所不免故於抵
任之初即出示曉諭嚴行禁止仍一面密加訪

察各家人胥役尚知畏懼守法不敢藉端擾索
夷情頗覺相安惟是暎咭唎商船到廣原與各
國較多此次貢使進京頻有非分之請希圖壟
斷牟利誠如
聖諭斷不可行而粵海關徵收稅課雖不能意爲增
減第恐查察稍疎弊端即由兹叢集浮收苛索
均足爲該夷人藉口奴才惟當凜遵
訓諭時刻稽查凡遇紅毛貨船進口與各國夷船一
律丈量收稅不稍露示惠形跡以致長驕矜而
動猜疑所有奴才接奉

四六三　粵海關監督蘇楞額奏折

英船與西洋各國船隻一體收稅并無增減(乾隆五十八年九月二十八日)

諭旨欽遵辦理緣由謹附撫臣郭世勳由驛遞摺之

便恭摺覆

奏伏祈

皇上睿鑒謹

奏

那知道了

乾隆五十八年九月　二十八　日

四六四　廣東巡撫郭世勳奏折

英貢船兩隻駛至蠔墩灣泊
（乾隆五十八年九月三十日）

署理兩廣總督印務廣東巡撫臣郭世勳跪
粵海關監督臣蘇楞額

奏爲嘆咭唎貢船抵粵恭摺奏
聞事竊照嘆咭唎國使臣瞻
覲回國仰蒙
欽派侍郎松筠護送由長江一帶行走赴粵搭附貨
船回國其原貢船五隻先由直隸天津開行至
浙江定海暫行停泊嗣准浙江來咨稱該貢船
現在料理收拾將次開行等因復奉
諭旨該國貢船到粵時毋庸令其停留即催令回國

四六四 廣東巡撫郭世勛奏折

英貢船兩隻駛至蠔墩灣泊

(乾隆五十八年九月三十日)

等因欽此臣等伏查自浙至粵海程迅速該船一經開行一二旬内即可抵粵東洋面經臣等欽遵節次

諭旨派委文武員弁帶領引水前赴老萬山一帶探聽並思該貢船到粵如因回國程期遥遠欲買辦薪米等物亦難禁絶遂行驅令長行查澳門係西洋人居住黄埔有各國夷船艤泊若聽該貢船在彼停留恐滋串通勾結惟有虎門内蠔墩一處與澳門黄埔均屬窵遠貢船在彼暫時停泊購辦食物與各國夷人無從見面勾串之

四六四　廣東巡撫郭世勳奏折　英貢船兩隻駛至蠔墩灣泊
（乾隆五十八年九月三十日）

弊可不禁而自絶又經飭知各委員遵照辦理去後兹據香山協副將張維룷門同知韋協中禀報本月二十七日探有暎咭唎小貢船二隻在十字門外洋寄碇當令引水前赴詢問據該船夷人稱説船内所帶薪米食物不敷回程日用外洋風浪冲激難以停住求進口灣泊買辦至本國貢船大小五隻我們兩隻較小係九月初八日在浙江開洋隨後有大船二隻定於初十日開洋不日可到尚有大船一隻未定開行日期等語當即派撥弁兵將該貢船二隻押送

四六四　廣東巡撫郭世勛奏折

英貢船兩隻駛至蠔墩灣泊

(乾隆五十八年九月三十日)

至虎門前赴蠔墩灣泊等因前來臣等隨派委
佛山同知吴翰前赴蠔墩會同左翼鎮員弁帶
領水師兵丁在彼稽查彈壓不令該夷人等上
岸與民人市易並催令地方官代爲料理趕緊
購買食物即開行回國不任留前等候挨延日
時仍飛飭各委員等一俟探有隨後三船踪跡
詢明是否無需進口買辦食物即飛速禀報酌
量辦理所有噗咭唎貢船到境進口暫行灣泊
緣由臣等謹會同繕摺由驛具
奏伏乞

四六四　廣東巡撫郭世勛奏折

英貢船兩隻駛至蠔墩灣泊

(乾隆五十八年九月三十日)

皇上睿鑒謹

奏

覽。知道了

乾隆五十八年九月　三十　日

四六五　廣東巡撫郭世勛奏折

報英貢船兩隻寄椗三角門外洋派員查看(乾隆五十八年九月三十日)

再臣等正在封揩間據委員等禀稱探有暎咭唎大貢船二隻在三角門外洋寄椗離𡸁門約有八十里現已派撥引水迎往探問尚未回報等因理合附片先行奏

聞謹

奏

四六六　廣東巡撫郭世勛奏折

英貢船四隻到粵令其等候裝載貢使
（乾隆五十八年十月初一日）

署理兩廣總督印務廣東巡撫臣郭世勳
粵海關監督臣蘇楞額跪

奏為接准移交欽奉
諭旨酌商辦理恭摺具
奏事竊照嘆咭唎貢船四隻先行抵粵業經臣等
恭摺具
奏在案茲接准新任督臣長麟來札稱於江西途
次欽奉
諭旨以嘆咭唎現有貢船五隻在浙江寧波地方該
國使臣嚧可乗坐已令松筠帶領該貢使逕赴浙
江長麟於途次奉旨後仍回至浙江會同松筠吉

四六六　廣東巡撫郭世勳奏折

英貢船四隻到粵令其等候裝載貢使
(乾隆五十八年十月初一日)

慶料理該貢使登舟開洋後再行赴粵等因欽此
當即具摺覆奏遵
旨迅速回程所有粵東事宜交與臣等先行妥辦等
因並准將所奉
諭旨及奏摺抄寄前來臣等再四繹核仰見我
皇上廑念夷使回國寓
體恤於防閑
睿慮周詳無微不至實不勝欽服伏查該國貢船五
隻灣泊浙江定海如其遲不開行則該貢使等
自京改赴浙江正可乘坐出洋實爲萬分妥便

四六六　廣東巡撫郭世勛奏折

英貢船四隻到粵令其等候裝載貢使
（乾隆五十八年十月初一日）

令該貢船已經到粵者先有四隻其未到一隻
是否在定海等待停泊亦屬難以懸揣臣等前
奉
諭旨如該國貢船到粵即應催令回國令貢使改赴（此更又明當矣）
浙江而貢船四隻先行到粵其未到一船若亦
已在定海開行則貢使到浙無船可坐長麟自
必令該貢使等仍由內地赴粵查該正副貢使
及隨從人等上下幾及百員名到粵後雖有貨
船可以搭附恐其藉口買賣未齊轉多停擱臣
等會同籌議不若竟將現到貢船令其等候裝（好仍之矣）

四六六　廣東巡撫郭世勛奏折
英貢船四隻到粤令其等候裝載貢使
（乾隆五十八年十月初一日）

載貢使想該船夷人自必樂從而貢使到粤又
得原船乘坐尤足以昭
聖主體恤鴻慈惟是現在進泊蠔墩二船丈尺較小
恐不敷貢使乘坐其續到之大船二隻此時尚
在三角外洋臣等現又派撥熟諳海道員弁前
赴該船令其進至蠔墩與前船一同停泊等候
仍一面飛咨長麟知照辦理再臣等恭誦
諭旨令查澳門居住之安納拉彌額特二人是否真
係嘛𠺕西人等因欽此當即飛飭澳門同知密行
查訪俟其禀覆到日另行奏

四六六　廣東巡撫郭世勳奏折

英貢船四隻到粵令其等候裝載貢使

（乾隆五十八年十月初一日）

聞所有臣等接准移文欽奉
諭旨酌商辦理緣由謹會同繕摺由驛馳
奏伏乞
皇上睿鑒謹
奏
另有旨

乾隆五十八年十月　初一　日

四六七　欽差户部侍郎松筠奏折

遵旨傳知英貢使準令仍由内河行走赴粤搭原船回國(乾隆五十八年十月初四日)

奴才松筠跪

奏爲遵

旨傳知該貢使等感激凛畏緣由恭摺覆

奏事竊奴才於本月初三日欽奉

上諭據松筠奏嘆咭唎貢使懇請仍由廣東行走當經松筠峻辭斥駁而該貢使等淚隨言下看來尚係實情亦祇可准其所請著松筠再向該貢使等傳諭以爾國原船現留大船一隻在浙停泊等候原可由浙放洋回國不應紆道廣東今大皇帝俯

四六七　欽差户部侍郎松筠奏折

遵旨傳知英貢使準令仍由内河行走赴粤搭原船回國(乾隆五十八年十月初四日)

念爾等下情或致船中擁擠患病曲加體恤准爾等携帶隨身行李仍由廣東行走其沉重物件即著爾等分撥從人照料由定海上船回國此係大皇帝軫恤遠人逾格恩施爾等當倍加感激但爾國船隻係爾等乘坐前來别船雖有頭領其停泊開行自應聽爾等正副使分付方爲正理即如本部堂乘坐之船令其在何處等候斷無不禀遵指示以定行止若在船官役兵丁擅自開行必將官員叅究兵役治罪今爾等在浙船隻並不候爾等

四六七 欽差户部侍郎松筠奏折

遵旨傳知英貢使準令仍由内河行走赴粤搭原船回國(乾隆五十八年十月初四日)

之信輙敢先行開洋可見爾國法度不能嚴肅
任其來去自便爾等回國後當告知爾國王加
以懲治俾貢使聞知感激之下自益加凛畏也至
此次令松筠帶同貢使行走原因沿途照料並將
面奉諭旨告知長麟遵照妥辦令松筠到浙業與
長麟相晤已可面告一切而該貢使等由浙赴粤
有長麟順便照管前往足資料理松筠到浙會同
吉慶前赴定海將該貢使分撥從人及沉重物件
照料開船後松筠即當自浙回京復命毋庸再赴

四六七　欽差户部侍郎松筠奏折

遵旨傳知英貢使準令仍由内河行走赴粤搭原船回國(乾隆五十八年十月初四日)

廣東長麟即帶同貢使由水路行走至江西過嶺
赴粤令其附搭該國貿易便船回國長麟惟當遵
照節次松筠所告訓諭妥協辦理以副委任等因
欽此奴才因傳令該貢使等至舟遵將
恩旨宣示告以
大皇帝俯鑒爾等下情軫念遠人格外施
恩曲加體恤准爾等携帶隨身行李仍由廣東行走
向其傳諭該貢使免冠屈膝喜溢於色據稱我
等蒙

四六七　欽差户部侍郎松筠奏折

遵旨傳知英貢使準令仍由内河行走赴粵搭原船回國(乾隆五十八年十月初四日)

大皇帝憐憫從此得有活命平安回國寔是
天高地厚之恩感激真情口不能述惟有回去告知
國王謹遵
勅諭永受
皇恩等語又復免冠屈膝諄切懇求代奏謝
恩其歡喜感激之意倍為真切復稱前蒙
大皇帝恩典准我等在寧波地方買此茶葉絲斤但
我等所帶銀兩無多現在浙省停泊之船原係
總不如是了結告
一隻貨船不知可以將洋貨兑換否等語伊等

之意寔因乏銀異圖以洋貨在寧波兑换正可
藉此飭令少買貨物迅即開船赴粤更可免生
勾結之弊因諭以寧波地方向無洋行識認貨
物無從交易於爾等毫無益處早經明晰曉諭
爾等既稱乏銀想在寧波斷不能多買茶葉絲
斤爾等此次貢船
大皇帝早已降有
恩旨諭令免税况爾等又可赴澳門黄埔爾等所存
貨物仍應赴彼處交易該地方自然欽遵

四六七　欽差户部侍郎松筠奏折

遵旨傳知英貢使準令仍由内河行走赴粤搭原船回國(乾隆五十八年十月初四日)

四六七 欽差戶部侍郎松筠奏折

遵旨傳知英貢使準令仍由內河行走赴粵搭原船回國(乾隆五十八年十月初四日)

恩諭概免納稅較在寧波置買更有便宜該貢使等
意甚領悟奴才又將浙省停泊夷船擅自開行一
節遵照
指示逐層向其明切嚴諭據稱我等外夷如何敢上
比
天朝體統但他們管船之人如此不遵教令我等寔
在羞慚無地將來稟知國王亦必懲治其罪等
語奴才於本日已過蘇州約於初七日可抵杭城
現已派員將該貢使等沉重物件及應帶隨身

四六七　欽差户部侍郎松筠奏折

遵旨傳知英貢使準令仍由内河行走赴粤搭原船回國(乾隆五十八年十月初四日)

行李查點分晰開單俟到杭州會晤長麟後敬
將節次面奉
訓諭詳細向其告知畧為收拾即可分撥啓程其置
買茶葉絲斤一事經奴才此次曉諭後伊等似能
領會將來至寧波時伊等或竟不置買或所買
無多奴才會同吉慶惟有凛遵
諭旨臨時酌辦令其妥速開船奴才即星馳回京復
命所有遵奉
諭旨緣由理合恭摺覆奏伏乞

四六七　欽差户部侍郎松筠奏折

遵旨傳知英貢使準令仍由内河行走赴粵搭原船回國(乾隆五十八年十月初四日)

皇上睿鑒謹

奏

知道了

乾隆五十八年十月　初四　日

四六八 欽差户部侍郎松筠奉上諭著準英貢使在浙江酌量交易(乾隆五十八年十月初十日)

大學士公阿 大學士伯和 字寄
欽差侍郎松 兩廣總督長 浙江廵撫吉 乾隆
五十八年十月初十日奉
上諭據松筠奏遵旨傳諭該貢使等感激凛畏緣由
一摺已於摺内批示據摺内稱貢使等向松筠告
稱前蒙恩准在寧波置買茶葉絲觔但我等所帶
銀兩無多現在浙省停泊之船原係貨船不知可
否將洋貨兑换等語前因該貢使懇請在寧波置
買茶葉絲觔原已降旨允准令該貢使等又以銀
兩無多為詞欲將洋貨在彼兑换總不知足實為
可鄙經松筠諭以寧波地方向無洋行無從交易
應赴澳門黄埔將貨物交易自應如此辦理並著
長麟於到粤時酌量妥辦浙江向無洋行亦不值

四六八　欽差户部侍郎松筠奉上諭著準英貢使在浙江酌量交易（乾隆五十八年十月初十日）

為伊等特調粵省洋行之人遠赴浙省也同日據
吉慶奏稱寧波地方不產絲觔客販亦少現在飭
令紹興府購備絲觔運往海口以便貢使置買等
語該貢使等欲將貨物兑换茶葉絲觔業經松筠
駁飭令吉慶已將絲觔購備運往如該貢使等購
買無多不妨酌量准其交易倘伊等因松筠飭諭更省一番事
硃
不復在彼置辦即聽其前赴粵門黃埔購買亦無
若聽其一事使人生法求勝已矣
硃
不可將此各傳諭知之欽此遵
五百里
旨寄信前來

四六九　欽差户部侍郎松筠奏折

英貢使再三陳懇仍由内河行走赴粵(乾隆五十八年十月初十日)

奴才松筠長麟吉慶跪
奏為遵
旨設法開諭貢使等再三陳懇仍走廣東緣由仰祈
聖鑒事竊奴才等於本月初八日欽奉
上諭松筠奏遵旨詳諭暎咭唎貢使欣感悅服情形
一摺諸凡皆妥已於摺内批示同日據吉慶奏暎
咭唎所留大船一隻即係該貢使原坐之船極為
寬大現派員弁等駐宿看守等語此事前據吉慶

四六九　欽差户部侍郎松筠奏折
英貢使再三陳懇仍由内河行走赴粤(乾隆五十八年十月初十日)

奏到後即令松筠諭知該貢使等以現留船隻足
敷乘坐仍當赴浙上其原船歸國嗣據松筠奏該
貢使等以行李物件甚多人數不少若擁擠一處
易生疾病求將沉重箱件分撥從人照料由定海
上船貢使等止帶隨身行李仍由河路前赴廣東
行走經松筠峻詞斥駁而該貢使等淚隨言下似
係實情是以姑准所請辦理今據吉慶奏現留大
船即係該貢使原坐之船則該貢使等前向松筠

四六九 欽差户部侍郎松筠奏折 英貢使再三陳懇仍由内河行走赴粤(乾隆五十八年十月初十日)

所稱船小人多易生疾病之處或係托辭著再傳
諭松筠等察看情形如可設法向貢使等好言開
諭令其乘坐原船即由定海放洋及早歸國豈不
更為省便倘該貢使等再三陳懇必欲由廣東行
走有不得已之實情難以拒絶亦止可俯從所請
不過沿途稍費供支而已仍當令長麟帶同貢使
由水路至江西過嶺赴粤附搭該國貿易便船回
國以示懷柔等因欽此𦍑等正在公同商酌適寧

波府知府逓到定海停泊夷船人等寄該貢使等夷信並據該府稟開該夷人稱係告知貢使前次船隻開行及現船等候緣由奴才等正可藉給隨諭以定海停泊之船所有爾等人數物件他自然算計明白足數爾等乘坐他纔在此等候現又寫信寄知爾等爾副使現患足疾何不趁此就近即赴定海登船開行更覺安穩便適等詞作為奴才等之意好言向其開諭據稱適纔

四六九　欽差户部侍郎松筠奏折

英貢使再三陳懇仍由内河行走赴粤(乾隆五十八年十月初十日)

接到之信係告訴我等前次那幾隻船内因病人甚多不能久留赶赴澳門買些藥料醫治病症是以止留此嗎哽哆嘶一隻貨船在此守候並無別話至這隻船的大小載人若干裝貨若干是我等知道的現在物多人衆斷難容納船上又有患病之人恐其傳染心裡實在害怕前以實情懇求已蒙
大皇帝施恩准由廣東行走就是沿途偶患疾病不

四六九　欽差户部侍郎松筠奏折

英貢使再三陳懇仍由内河行走赴粤(乾隆五十八年十月初十日)

比海上時症也無妨碍等語𠇗等復告以由浙赴粤道途迂遠且有過嶺起旱之煩倘或因勞增疾轉似我等照料不周不能仰體
大皇帝軫念遠人之意莫若爾等及早得上海船轉可將養身體向其反覆開導據稱大人們所説的句句都是好話我等實在心感此時已到浙江若是原船可以乘坐我等豈肯繞道遠行實因怕病且物件累贅是以懇求分道行走惟求
遵奉

四六九　欽差户部侍郎松筠奏折

英貢使再三陳懇仍由内河行走赴粵(乾隆五十八年十月初十日)

大皇帝恩命令我們仍由廣東赶赴噢門原船囬國
即是沾受
大皇帝天高地厚活命之恩了現在還要寫封夷信
求發到噢門交給從浙江開行的那幾隻船上
𠯗他們等候我等到後便可乘坐原船囬國等
語察其陳懇情詞甚爲婉切是伊等不得已之
實情難以拒絕誠如
聖明洞鑒因即諭以此不過因爾等不耐勞苦現有

四六九 欽差戶部侍郎松筠奏折

英貢使再三陳懇仍由内河行走赴粤(乾隆五十八年十月初十日)

便船是以與爾等商酌原是顧惜爾等的意思
令既有此等情節况前此已蒙
大皇帝恩准爾等由内河赴粤我們豈有相强之理
爾等所寄夷信我們一面奏知
大皇帝一面代爾發去若是爾等原船尚在澳門他
們自然在彼等候爾等到時乘坐回國亦極省
便該貢使等甚為感悦聲等現在已將該貢使
携帶之件收拾妥當即於本日分道啟程並將

四六九 欽差户部侍郎松筠奏折

英貢使再三陳懇仍由内河行走赴粤(乾隆五十八年十月初十日)

此摺抄録底稿及貢使等求寄夷信飛寄郭世勳查其船隻如果在粤停泊即明白曉諭務令在彼等候貢使等一同回國奴才長麟帶同貢使約於十一月望間可至廣東奴才松筠吉慶管押嗎㖾哆嘶等携帶分撥重載物件抵寧波後妥速辦理約於本月二十五日以内即可催令該夷船開洋統俟事竣另行具奏外奴才等凛遵訓諭辦理一切惟期安善似可毋煩上廑

四六九　欽差户部侍郎松筠奏折

英貢使再三陳懇仍由内河行走赴粵(乾隆五十八年十月初十日)

聖懷所有欽奉
諭旨緣由謹遵
旨恭摺速行覆奏伏乞
皇上睿鑒謹
奏

甚合朕 近已旨即有諭

乾隆五十八年十月　初十　日

四七〇 上諭
著長麟傳知英使嗣後進貢不必拘定年限(乾隆五十八年十月二十八日)

次上

長麟奏英吉利貢使趲出浙境日期及該番悅服感悔情形一摺覽奏俱悉又據奏該貢使面稟護送之道將等稱該國王此次進貢實出至誠我們未來之前國王曾向我們商議此次回去隔幾年就要進貢一次惟道路太遠不敢定准年月將來另具表文差送總督衙門轉奏也不敢務求進京只求准辦就是恩典等語此亦可行著長麟即傳知該使臣令擬爾等知將來為欲另具表文再來進貢大皇帝鑒爾國王恭順悃忱俯賜允准但海洋風信靡常亦不必拘定年限總聽爾國之便屆時表貢一到即當據

四七〇　上諭

著長麟傳知英使嗣後進貢不必拘定年限(乾隆五十八年十月二十八日)

情轉奏大皇帝自必降旨允准賞賜優渥以昭
厚往薄來之義爾使臣最好即速行回國奏

四七一　粵海關監督蘇楞額奏折

查明盛住福昌任内粵海關盈餘銀兩短少緣由(乾隆五十八年十二月十六日)

奴才蘇楞額跪

奏爲欽奉

諭旨恭摺覆

奏事竊奴才於乾隆五十八年十二月初九日接

奉軍機大臣傳諭乾隆五十八年十一月初二

日奉

上諭據蘇楞額奏粵海關此次徵收銀兩短少盈餘一摺内稱盛住任内徵收十個月零二十三日福昌署理一個月零七日共收銀八十八萬五千餘兩與上屆比較少收銀一十二萬五千餘兩等語

四七一 粤海關監督蘇楞額奏折

查明盛住福昌任内粤海關盈餘銀兩短少緣由(乾隆五十八年十二月十六日)

向來關稅短缺盈餘銀兩雖例按經徵月日分賠但何人任内短缺若干摺内自應分晰具奏今該監督摺内祇係籠統聲叙殊欠明悉著傳諭蘇楞額即將盛住福昌任内各短若干是否福昌因暫時署事所派駐防人員經理未能妥協以致稅課短少之處據實具奏以便交部核議將此諭令知之欽此奴才伏查粤海關徵收稅銀數目惟視一年内洋船多寡及所載貨物之粗細爲準其到船最多月分稅銀即可收至数倍或一兩月船隻稀少收稅即形短絀通計一年内稅銀豐旺

四七一　粤海關監督蘇楞額奏折

查明盛住福昌任内粤海關盈餘銀兩短少緣由(乾隆五十八年十二月十六日)

之期不過數月而海洋風信靡常其船隻進口日時難以懸定如每年八九十月係洋船雲集之期亦竟有風色不便未能齊到者而冬臘月每年船到較稀若遇順風便利亦即絡繹紛至其各國洋船惟祖家船所載貨物較細一船收税較别項洋船多至數倍是以向年關税徵收銀兩不能按月定數惟統計一年内徵銀若干牽算比較此歷來辦理情形也查盛住福昌兩任徵收乾隆五十九年分錢糧共銀八十八萬五千六百一十二兩七錢九分九釐比照上届

四七一 粵海關監督蘇楞額奏折 查明盛住福昌任内粵海關盈餘銀兩短少緣由(乾隆五十八年十二月十六日)

五十八年分短收銀一十二萬五千八百一十三兩四錢八分四釐其缺少銀兩例按經徵月日分賠兹欽奉

諭旨令查明何人任内短缺若干據實具

奏奴才謹遵

訓飭將盛住福昌兩任經收税銀册檔逐一吊齊詳加核計盛住任内自乾隆五十七年八月二十六日起至五十八年七月十八日止十個月零二十三日計到洋船二十四隻内祖家船六隻並各口貨物共徵收税銀六十八萬一百六十

四七一　粤海關監督蘇楞額奏折　查明盛住福昌任内粤海關盈餘銀兩短少緣由(乾隆五十八年十二月十六日)

二兩零福昌署任自五十八年七月十九日起至八月二十五日止一個月零七日計到洋船二十隻内祖家船四隻並各口貨物共徵收税銀二十萬五千四百五十兩零通計徵收銀八十八萬五千六百兩零查上届洋船共到五十五隻徵收税銀一百一萬一千四百兩零此次盛住經管十個月零二十三日若將上届經管月分截算十個月零二十三日共收銀五十五萬三千五百十二兩零對月比較此次計多收銀十二萬六千六百四十九兩零但較之乾隆

四七一 粤海關監督蘇楞額奏折

查明盛住福昌任内粤海關盈餘銀兩短少緣由(乾隆五十八年十二月十六日)

五十六年盈餘較多年分十個月零二十三日共收銀九十一萬四千七百七十六兩零此次計少收銀二十三萬四千六百十四兩零至福昌經管一月零七日係屬一年最後之尾月比較上届尾月零七日收銀四十五萬七千九百十三兩零計少收銀二十五萬二千四百六十三兩零而較之乾隆五十六年分尾月零七日收銀二十一萬二千七百八十六兩零計少收銀七千三百三十六兩零奴才復容吊洋行登記洋船並各口岸船隻數目及貨税底薄與關

四七一　粵海關監督蘇楞額奏折　查明盛住福昌任内粵海關盈餘銀兩短少緣由(乾隆五十八年十二月十六日)

署交存册檔詳細比對悉屬符合其福昌任内
所派駐防人員奴才詳加訪察一一遵照則例
辦理均無徵多報少情弊但通年通計税銀均
有短絀究係盛住福昌兩任經理不善所致應
請一併交部核議所有奴才遵
旨查奏緣由謹據實覆
奏伏乞
皇上睿鑒謹
奏
該部知道
乾隆五十八年十二月　十六　日

四七二　粤海關監督蘇楞額奏折

報解關税盈餘銀兩數目

(乾隆五十九年三月初四日)

奴才蘇楞額跪

奏爲報明起解關税盈餘銀兩數目仰祈

睿鑒事竊照粤海關每年起解正雜銀兩例應具摺

奏報兹徵收乾隆五十九年分關税於前監督盛

住任内自乾隆五十七年八月二十六日起至

五十八年七月十八日止計十個月零二十三

日共徵銀六十八萬一百六十二兩二錢七釐

廣州將軍福昌兼署關務自五十八年七月十

九日起至八月二十五日止計一個月零七日

共徵銀二十萬五千四百五十兩五錢九分二

釐兩任一年期内通關各口共徵銀八十八萬
五千六百一十二兩七錢九分九釐前經循例
先將徵收總數恭摺
奏明在案兹當起解之期應將收支撥解實數分
款造報查本年共徵銀八十八萬五千六百一
十二兩七錢九分九釐内正項盈餘銀四十五
萬二千九百三十二兩三錢二分三釐除循例
支出銀四萬兩并銅斤水脚銀三千五百六十
四兩移交藩庫取有庫收送部查核尚存正羡
銀四十萬九千三百六十八兩三錢二分三釐

雜項盈餘銀四十三萬二千六百八十兩四錢
七分六釐除支出通關經費養廉工食及鎔銷
折耗等銀四萬八百四十八兩七錢一分又支
解造辦處裁存備貢銀五萬五千兩又支解部
節存水脚銀二萬六千八百三十七兩一錢四
分部科飯食銀二萬四百五十八兩六錢五分
三釐尚存雜羨銀二十八萬九千五百三十五
兩九錢七分三釐共存應解正雜盈餘銀六十
九萬八千九百四兩二錢九分六釐內又除奉
文撥解滇省銅本銀四十萬兩撥充廣東本省

四七二　粤海關監督蘇楞額奏折
報解關税盈餘銀兩數目
（乾隆五十九年三月初四日）

兵餉銀二十二萬兩共撥解銀六十二萬兩實解部盈餘銀七萬八千九百四兩二錢九分六釐又五十八年奏銷案内洋商借給豐泰行夷欠未完銀一十二萬七千五百一十兩二錢八分一釐今第三次繳回銀四萬二千五百三兩四錢二分七釐尚未完銀八萬五千六兩八錢五分四釐又洋商借解川省軍需未完銀一十二萬五千兩今第二次繳回銀二萬五千兩尚未完銀一十萬兩連前實解盈餘共應解部銀一十四萬六千四百七兩七錢二分三釐又節

四七二　粵海關監督蘇楞額奏折

報解關税盈餘銀兩數目

(乾隆五十九年三月初四日)

省水脚銀二萬六千八百三十七兩一錢四分
又另解節存平餘罰料截曠等銀六千五百六
十六兩四錢八分六釐查此項平餘罰料截曠
等銀遵照户部
奏准於奏銷盈餘摺内按數剔除入於本案報銷
不歸併盈餘項下又查解部税銀每千兩向有
加平銀一十五兩今撥解滇省銅本銀四十萬
兩本省藩庫兵餉銀二十二萬兩所有加平無
庸添入計溢出銀九千三百兩一併另欵解部
除遵例具疏

四七二　粵海關監督蘇楞額奏折

報解關税盈餘銀兩數目

(乾隆五十九年三月初四日)

題報按款具批於乾隆五十九年二月二十五三月初一日分兩次委員起解赴部交納外再查預撥甲寅年本省藩庫兵餉銀二十八萬兩其加平小封應請支存統歸六十年分

奏銷報解以清年款合並陳明所有錢糧收支實解數目理合恭摺

奏報伏乞

皇上睿鑒勅部核覆施行謹

奏

硃批：該部知道。

乾隆五十九年三月　初四　日

四七三 兩廣總督長麟奏折

查明粵海關經征錢糧數目先後奏報不符事(乾隆五十九年四月十二日)

長麟 查明粵海關經征數目先後奏

報不符緣由

奏 ○交

月十二日

兩廣總督臣長麟跪

奏為遵

旨查明粵海關五十八年經徵錢糧確數及該監督先後

奏報不符緣由恭摺覆

奏事竊臣承准大學士公阿桂 大學士伯和珅 字寄內閣奉欽

上諭戶部議覆粵海關徵收銀兩短少盈餘冊報不符一摺

四七三　兩廣總督長麟奏折

查明粵海關經征錢糧數目先後奏報不符事（乾隆五十九年四月十二日）

内稱該關前年到關洋船貨物，該署督鄧也勲送到
清冊與該監督蘇楞額所報冊内銀數不符，而於稅細
數又不逐款分列，殊屬含混。著傳諭長麟即將盛住、福
昌經徵年月、該年所到洋船貨物與上屆徵收各若
干詳細查明，具奏，並造冊送部核對，仍將盛住等交
代案内接收數目因何與初次奏報不符之處據實詳
查覆奏。長麟前經到粵，諒無所用其迴護也。將此諭
令知之。户部摺並著抄寄閱看。欽此。遵
旨寄信前來。臣伏思覆查關稅全以冊檔為憑。臣奉
旨覆查粵海關稅務，若令該關書吏先有風聞，或將舊存
檔冊畧為抽改，即至本案失真，無以得其實在。臣
一面將欽奉

四七三　兩廣總督長麟奏折

查明粵海關經征錢糧數目先後奏報不符事（乾隆五十九年四月十二日）

諭旨密存內署一面飭委鹽運使常齡刻即前赴海關衙
門將五十八年盛住福昌兩任經徵冊檔封送臣署
臣即先行細繹戶部指駁各款逐一細心考究並摘
傳該關經手書吏向其反覆盤詰據稱五十八年盛住
福昌兩任實在徵銀八十八萬五千六百一十二兩零委係
盡收盡解並無以多報少情弊倘蒙查出甘重罪等
語臣即詰以現奉部駁上屆五十七年到關洋船五十
五隻徵銀九十六萬兩零五十五年到關洋船五十九隻
徵銀一百零八萬兩零此次五十八年比上兩年到船較
少而錢糧亦少尚在情理惟查五十六年到關洋船
三十八隻徵銀九十五萬兩零此次五十八年到船四
十四隻已比之五十六年到船較多何以徵銀反少遠

明是以多報少，還有何辯？據稱五十六年到船雖止三十八隻，內有祖家船十四隻，是以錢糧較多。此次五十八年到船四十四隻，內止有祖家船十隻，是以錢糧較少。且節年洋船到關，係將進口貨物起卸納稅，後又將出口貨物裝船納稅，列入冊報，是以錢糧較多。此次福昌署時為日無幾，所到洋船只將進口貨物甫經起卸，即值交代，其出口貨稅例應歸於下任，是以所收錢糧較為短絀等語。復詰以現奉部駁，現任監督蘇楞額於接收交代案內奏稱盛住、福昌兩任收銀八十二萬餘兩，及比較盈餘摺內又稱盛住、福昌兩任收銀八十八萬餘兩，不惟與前任監督盛住、福昌從前交代各摺不符，亦與現在監督蘇楞額自行具奏，按

四七三　兩廣總督長麟奏折

查明粤海關經征錢糧數目先後奏報不符事(乾隆五十九年四月十二日)

收交代扣內銀數互異自係從前具奏時被尔等朦混以多報少及至覆查尚有多餘又復含混添入具奏若果無弊何以奏報扣內均至前後不符尔等尚有何說據稱粤海関各任交代但能將附近有城各関口所收錢粮數目列入交代此外尚有雷州廉州高州瓊州等口不惟距省窎遠自千餘里至二千里不等且如瓊州路隔重洋尤難定期報到交代案內不能先期開列及至任満比較盈餘時各處遠口俱經報到內有經徵日月係在前任期內者仍歸前任是以奏報交代與奏報盈餘之數不符如果有弊監督蘇楞額接收交代時已經奏明收銀八十二萬零則續經報到之六萬餘兩仍可欺隱分肥又何肯據實報出復行奏明自

取敗露呢等語以上部駁各款臣再四窮究據各書吏
逐條登覆雖似尚近情理但恐係巧詞掩飾自應將
冊造到關船隻貨物及徵收銀數詳細核算倘有舛
錯即可從此跟究庶難承落石出臣連日親身率同
鹽運使常齡先將海關衙門取到冊檔按日核算計五
十八年盛住經徵十個月零二十三日實徵稅銀六十八萬
一百六十二兩零福昌經徵一個月零七日實徵稅銀二十萬
五千四百五十兩零逐日逐款細加核对均與冊造無異
盛住福昌通年兩任共徵銀八十八萬五千六百一十二兩
零核與監督蘇楞額比較盈餘摺內數目相符復恐
該關冊檔或係事後串通捏造不足為憑其各關各口
逐日驗貨俱另有長單鈔單及日報稅簿商稅簿等

四七三　兩廣總督長麟奏折

查明粵海關經征錢糧數目先後奏報不符事(乾隆五十九年四月十二日)

項乃係関口書吏人等隨時登記向不送部之件如有情弊
必能於此内查出當向該関將長單鈔單日報稅簿
商稅簿趲日吊齊與該関冊檔逐加核對並無舛訛
惟將該関冊檔與署督郭世勳任内所存報部冊
内細加磨對内五十八年八月二十五日有夷商嗎哩哆
貨船一隻定例應納船料歸公稅銀一千一百七十四
兩乃該署督冊造一千四百七十四兩零多寫銀三百兩
又八月十七日該船棉花正稅應上銀一百四十五兩七錢
一分九厘該署督冊内落去九厘二毫詢之總督衙門造冊
書吏據稱實係粗心錯遺並無別項情弊復核之例定
船料歸公實應上稅銀一千一百餘兩棉花九萬七千一百
四十六斤實應上稅一百四十五兩七錢一分九厘均係總督

四七三　兩廣總督長麟奏折

查明粵海關經征錢糧數目先後奏報不符事(乾隆五十九年四月十二日)

衙門書吏造冊訛錯屬實又八月二十三日有夷商嘩咪貨
船一隻定例應上白糖正稅五十一兩二錢八分一厘據冊
衙門將二錢訛寫為一錢又八月二十五日有夷商吐唓
貨船一隻定例應上貂皮等貨正稅二千三百五十九兩六
錢九分據冊衙門於尾數九分之下多寫一厘二毫均核
與定例不符顯係訛寫此外冊檔開載均屬符合並無
舛錯是盛住福昌五十八年徵收稅銀八十八萬五千六百十
二兩零之處委係照收照解並無以多報少情弊實
屬可信至户部駁內開蘇楞額第二次覆奏摺內又
與初次原奏所報銀數互異一節臣悉心核查蘇楞額
前次原奏係遵照向例將盛住福昌兩任通年核算
以盛住任內之贏餘補福昌任內之不足除撥補外比較五

十七年尚短徵銀十二萬五千八百餘兩其第二次覆奏
摺內係將兩年
旨分別何人經徵將兩任截閏按月比較即不能以有餘補不
足是以又聲敍比較五十七年盛住多徵銀一十二萬六千
六百四十九兩零福昌短徵銀二十五萬二千四百六十三兩
零以致前後兩摺互異至此次短徵銀兩究係何任經
徵之處業據該監督查明比較五十七年短徵銀十二
萬五千八百餘兩均係福昌任內短徵比較五十五年
短徵銀二十四萬一千九百餘兩係盛住短徵銀二十三萬
四千六百餘兩福昌短徵銀七千三百餘兩其區分亦屬明
晰惟臣考查舊例粵海關每屆報滿其有一年而更
易兩任者並論孰盈孰絀將所短銀兩按照經徵月

四七三　兩廣總督長麟奏折
查明粵海關經征錢糧數目先後奏報不符事（乾隆五十九年四月十二日）

四七三　兩廣總督長麟奏折

查明粵海關經征錢糧數目先後奏報不符事(乾隆五十九年四月十二日)

日前係兩任一律分賠，誠以該關錢粮盈絀全視到船之多寡，海洋風信靡常，有在任一月而到船數十隻之時，亦有在任數月而一船不到之事。在任到船較多則比較必有多餘，在任到船較少則比較必形短絀，是又在以先月之有餘補後月之不足。如有短絀，前後兩任一体分賠，則前任有餘，亦必移交後任；後任有餘，亦必撥補前任。前後彼此相顧，庶考成均無虧貸，而錢粮不致侵欺。此係該關實在情形。今此次經收銀兩應否查照蘇楞額按月比較之數，全其各賠各任，抑或仍照向例通年合算，即以錢粮最旺之五十五年為準，將經收銀兩各按在任經徵月日著落前後兩任一体賠補之處，應聽部臣核議辦理。除遵

四七三　兩廣總督長麟奏折

查明粵海關經征錢糧數目先後奏報不符事（乾隆五十九年四月十二日）

旨另將該年到関貨物分别粗細造具妥冊送部併將總
督海関各衙門舊存冊檔及長單鈔單日报税簿商税
簿一併貼簽送部查核仍將總督衙門造冊舛錯之書
吏責革外謹將臣遵
旨覆加查核緣由恭摺覆
奏伏乞
皇上睿鑒謹
奏
乾隆五十九年四月十二日奉
硃批該部議奏欽此

四月十二日

四七四　署理户部尚書蘇凌阿奏折　核準粤海關關税(乾隆五十九年六月十一日)

刑部尚書兼署户部尚書事務臣蘇凌阿等謹

奏爲遵

旨議奏事內閣抄出兩廣總督覺羅長麟奏稱竊臣

欽奉

上諭户部議覆粤海關徵收銀兩短少贏餘冊報不符一摺內稱該關前年到關洋船貨物該署督郭世勳送到清冊與該監督蘇楞額所報冊內銀數不符而應税細數又不逐款分列殊屬含混著長麟即將盛住福昌經徵月日該年所到洋船貨物與上屆徵收各若干詳細查明具奏並造冊送部核

四七四　署理户部尚書蘇凌阿奏折　核準粤海關關税(乾隆五十九年六月十一日)

對仍將盛住等交代案内接收數目因何與初次
奏報不符之處據實詳查覆奏臣伏思覆查關税
全以册檔爲憑臣一面將欽奉
諭旨客存在署一面飭委鹽運使常齡即赴海關衙
門將伍拾捌年盛住福昌兩任内經徵册檔封
送臣署臣即先行細譯户部指駁各款逐一細
心考究並摘傳該關經手書吏詰以現奉部駁
上届伍拾柒年到關洋船伍拾伍隻徵銀玖拾
陸萬兩零伍拾伍年到關洋船伍拾玖隻徵銀

四七四 署理户部尚書蘇凌阿奏折 核準粤海關關税(乾隆五十九年六月十一日)

壹百零捌萬兩零此次伍拾捌年比上兩年到
船較少而錢糧亦少尚在情理惟查伍拾陸年
到關洋船叁拾捌隻徵銀玖拾伍萬兩零此次
伍拾捌年到船肆拾肆隻已比之伍拾陸年到
船較多何以徵銀反少據稱伍拾陸年到船雖
止叁拾捌隻内有祖家船拾肆隻是以錢糧較
多此次伍拾捌年到船肆拾肆隻内有祖家船
拾隻是以錢糧較少且節年洋船到關係將進
口貨物起卸納税後又將出口貨物裝船納税

四七四　署理户部尚書蘇凌阿奏折　核準粤海關關稅(乾隆五十九年六月十一日)

列入冊報是以錢糧較多此次福昌署任爲日無幾所到洋船只將進口貨物甫經起卸即值交代其出口貨稅例應歸於下任是以所收錢糧較爲短絀等語臣復詰以現奉部駁現任監督蘇楞額於接收交代案內奏稱盛住福昌兩任收銀捌拾貳萬餘兩及比較贏餘摺内又稱盛住福昌兩任收銀捌拾捌萬餘兩不惟與前任監督盛住福昌從前交代各摺不符亦與現任監督蘇楞額自行具奏接收交代摺内銀數互異自係從前具奏時朦混以多報少及至覆

四七四、署理户部尚書蘇凌阿奏折
核準粵海關關税(乾隆五十九年六月十一日)

查尚有多餘又復含混添入具奏若果無弊何
以奏報摺内均至前後不符據稱粵海關各任
交代此外尚有雷州廉州高州瓊州等口不惟
距省窵遠自千餘里至二千里不等且如瓊州
路隔重洋斷難尅期報到交代案内不能先期
開列及至任滿比較贏餘時各處遠口俱經報
到内有經徵月日係在前任期内者仍歸前任
是以奏報交代與奏報贏餘之數不符如果有
弊監督蘇楞額接收交代時已經奏明收銀捌
拾貳萬兩零則續經報到之陸萬餘兩儘可敷

四七四　署理户部尚書蘇凌阿奏折　核準粤海關關税(乾隆五十九年六月十一日)

隐分肥又何肯據實報出復行奏明等語以上
部駁各款臣再四窮究據各書吏逐條登覆雖
似尚近情理但恐係巧詞抵飾自應仍將冊造
到關船隻貨物及徵収銀數詳細核算倘有舛
錯即可從此跟究無難水落石出臣連日親身
率同鹽運使常齡先將海關衙門取到冊檔按
日核算計伍拾捌年盛住經徵拾個月零貳拾
叁日實徵税銀陸拾捌萬壹百陸拾貳兩零福
昌經徵壹個月零柒日實徵税銀貳拾萬伍千
肆百伍拾兩零逐日逐款細加核對均與冊造

無異盛住福昌通年兩任共徵銀捌拾捌萬伍
千陸百壹拾貳兩零亦與監督蘇楞額比較贏
餘摺内數目相符復將該關各口逐日驗貨俱
另有長单鈔单及日報税簿商税簿等項逐日
弔齊與該關册檔逐加核對亦屬無訛是盛住
福昌伍拾捌年徵收税銀捌拾捌萬伍千陸百
拾貳兩之處委係儘收儘觧並無以多報少情
弊至此次短徵銀兩業據該監督蘇楞額查明
比較伍拾柒年短徵銀拾貳萬伍千捌百餘兩
均係福昌任内短缺比較伍拾伍年短徵銀貳

四七四 署理户部尚書蘇凌阿奏折 核準粤海關關税(乾隆五十九年六月十一日)

拾肆萬壹千玖百餘兩係盛住短徵銀貳拾叁萬肆千陸百餘兩福昌短徵銀柒千叁百餘兩應否查照蘇楞額按月比較之數令其各賠各任抑或仍照向例通年合算即以錢糧最旺之伍拾伍年爲準將短收銀兩各按在任經徵月日著落前後兩任一體賠補之處應聽部臣核議辦理除將該年到關貨物分别粗細造具妥冊送部並將總督海關各衙門舊存冊檔及長單鈔單日報税簿商税簿一併貼簽送部查核外謹將覆加查核緣由恭摺覆奏等因乾隆伍

拾玖年伍月拾陸日奉
硃批該部議奏欽此欽遵於本月貳拾日抄出到
部　臣等查得粵海關乾隆伍拾捌年分徵
收贏餘比較少收一案前據粵海關監督蘇楞
額奏報時未將盛住福昌任内何人短缺若干
分晰具奏欽奉
諭旨著蘇楞額即將盛住福昌任内各短若干據實
具奏以便交部核議嗣據該監督覆奏該年徵
收贏餘銀捌拾捌萬伍千陸百壹拾貳兩零比
較上屆伍拾柒年短收銀壹拾貳萬伍千捌百

四七四　署理户部尚書蘇凌阿奏折　核準粤海關關税（乾隆五十九年六月十一日）

壹拾叁兩零比較伍拾伍年徵收贏餘最多年
分計短收銀貳拾肆萬壹千玖百伍拾兩零截
算分賠銀數互異且與交代各案内數目亦屬
不符而該署督郭世勳按月送到洋船貨物清
册與監督所報清册彙總比對並未分晰粗細
款項其應税細數又不逐款分列臣部無從查
核議令確查到日再行核辦在案今據兩廣總
督覺羅長麟據實詳查覆奏盛住福昌兩任實
在徵銀捌拾捌萬伍千陸百壹拾貳兩零委係
儘收儘解並無徵多報少情弊其接收交代與

四七四　署理户部尚書蘇凌阿奏折　核準粤海關關税(乾隆五十九年六月十一日)

奏報贏餘摺内數目不符之處亦經詳細查明
至該關該年徵收贏餘銀兩應否照蘇楞額按
月比較之數令其各賠各任抑或仍照向例通
年合算即以最旺之伍拾伍年爲準將短收銀
兩各按在任經徵月日著落前後兩任一體賠
補等語臣等伏查粤海關徵收税銀例係按照
洋船之多寡貨物之粗細作爲比較與滸墅等
關比較上三届以定盈絀者有異嗣因該關收
税或藉口船少或藉口貨粗總屬有絀無盈是
以伍拾柒年分洋船到關較伍拾陸年分多到

四七四　署理户部尚書蘇凌阿奏折　核準粵海關關税(乾隆五十九年六月十一日)

拾柒隻而收税僅多銀壹萬餘兩臣部議令查
照伍拾伍年洋船到關伍拾玖隻比較著賠銀
拾壹萬餘兩在案今該關伍拾捌年分到關洋
船肆拾肆隻比伍拾柒年少到洋船拾壹隻短
收銀拾貳萬餘兩比伍拾陸年多到洋船陸隻
短收銀拾壹萬餘兩比伍拾伍年少到洋船拾
伍隻竟短銀至貳拾肆萬餘兩之多自應仍照
伍拾伍年徵收之數著令前任監督盛住署任
監督福昌各按經徵月日照例賠補以重
國課至前署監督福昌暨現任監督蘇楞額交代

四七四　署理户部尚書蘇凌阿奏折　核準粤海關關税(乾隆五十九年六月十一日)

各案内奏報銀數與年滿奏報贏餘案内銀數
互異之處據該督揩内分晰聲明其到關洋船
貨物粗細各名目及應税銀兩細數亦據該督
分造清册同該關日徵洋税簿單一併送部臣
部按册核對數目相符均毋庸議謹
奏請
旨

四七四 署理户部尚書蘇凌阿奏折

核準粤海關關税（乾隆五十九年六月十一日）

乾隆伍拾玖年陸月拾壹日刑部尚書兼署户部尚書事務臣蘇凌阿

户部左侍郎臣蔣賜棨

户部右侍郎臣韓鑅

乾隆五十九年六月十二日奉

旨户部議覆長麟奏粤海關五十八年分征收短少盈

餘雖數比較五十五年分短少銀二十四萬餘兩請著

令前任監督盛住署監督福昌分别賠補一摺固屬照例

辦理第此次到關洋船比較五十五年分少五十五隻

征收短絀尚屬有因所有此項短少盈餘銀二十四萬

餘兩著盛住福昌各按經征月日攤賠銀二萬餘

兩其餘二十三萬兩著加恩寬免以示體恤欽此

四七五　粤海關監督蘇楞額奏折

報告通年征收關税總數

（乾隆五十九年九月二十四日）

奴才蘇楞額跪

奏為恭報通年徵收關税總數仰祈

聖鑒事竊照粤海關應徵正雜銀兩例於一年期滿

先將總數

奏明俟查核支銷確數分款造冊委員解部仍行

具

題歷經遵照辦理茲自乾隆五十八年八月二十

六日起至五十九年八月二十五日止徵收乾

隆六十年分正雜關税内將軍臣福昌署任一

日通關各口共報徵收銀五百八十一兩零

四七五　粵海關監督蘇楞額奏折

報告通年征收關稅總數

（乾隆五十九年九月二十四日）

蘇楞額接徵任内一年期滿通關各口共報徵
收銀九十七萬二千三百六十七兩零兩任統
共收銀九十七萬二千九百四十八兩零業查
乾隆四十六年二月内准部劄行欽奉
諭旨粵海關徵收稅課向來原視洋船之多少貨物
之粗細以定盈絀非滸墅等關徵收内地貨物者
可比嗣後該部查核粵海關徵收稅課即以該年
之貨物船隻核實考察等因欽此又於乾隆五十
八年正月内准部劄行欽奉
諭旨嗣後粵海關稅務竟不必令督撫兼管其每月

四七五　粤海關監督蘇楞額奏折　報告通年征收關税總數（乾隆五十九年九月二十四日）

到關船數若干所載貨物粗細各若干著責成該
督撫詳細查明按月造冊密行咨報户部俟一年
期滿時交該部將該督撫所報清冊與該監督所
報清冊彙總核對如有不符之處即行叅辦等因
欽此欽遵各在案今乾隆六十年分計到洋船
四十三隻共收正雜盈餘銀九十七萬二千九
百四十八兩零伏查上屆五十九年分到關洋
船四十四隻收銀八十八萬五千六百一十二
兩零本年比上屆計少到洋船一隻多收銀八
萬七千三百三十五兩零較之五十六年盈餘

四七五　粤海關監督蘇楞額奏折

報告通年征收關税總數

(乾隆五十九年九月二十四日)

最多年分到關洋船五十九隻收銀一百一十二萬七千五百六十二兩零本年計少到洋船一十六隻少收銀一十五萬四千六百一十四兩零除欽遵將到關船數及貨物粗細分別按月造冊送部彙總核對并遵照原定限期於滿關後六個月内將通關税銀起解赴部交納外所有一年期滿徵收總數謹循例恭摺具

奏伏乞

皇上睿鑒謹

奏

知道了

乾隆五十九年九月　二十四　日

四七五　粵海關監督蘇楞額奏折

報告通年征收關稅總數

（乾隆五十九年九月二十四日）

四七六 粵海關監督蘇楞額奏折

報告粵海關征稅等情形

(乾隆五十九年九月二十四日)

謹

奏竊奴才經徵六十年分稅課實在共收正雜銀九十七萬二千九百兩零自八月二十五日滿關之後連日海洋風信大順截至九月二十三日止共報到進口洋船二十九隻俱經奴才親詣黃埔量驗陸續起卸貨物來省已共徵銀二十餘萬兩奴才欽奉

恩旨計日旋京誠恐各口岸書役家人等或以奴才卸事在即稍有疎懈以致地方匪徒走私漏稅更恐有不肖書役家人或於新舊交代之時乘

四七六　粤海關監督蘇楞額奏折

報告粤海關征税等情形

（乾隆五十九年九月二十四日）

機串通賣放奴才惟有較前倍加小心現已密
差親信妥人潛赴各處切實稽訪奴才亦不時
親身逐加查考務俾榷政肅清不任絲毫弊混
俟新任監督舒璽到粤奴才即將關務情形詳
細告知交代清楚迅速旋京合併附片陳明謹
奏

知道了

四七七　粤海關監督舒璽奏折

接收交代粤海關銀數盤核清楚
(乾隆五十九年十月二十二日)

奴才舒璽跪

奏爲恭報接收交代關税銀數盤核清楚仰祈

聖鑒事竊奴才荷蒙

恩命補放粤海關監督業將到任接印日期恭摺

奏報在案兹奴才將前監督蘇楞額移交關庫存
貯税款等項銀兩按册核稽内開乾隆六十年
分税課前署關務將軍福昌任内自五十八年
八月二十六日起至本日止計一日大關各口
收銀五百八十一兩二錢七分六釐前監督蘇
楞額管理關務任内自五十八年八月二十七

四七七 粤海關監督舒璽奏折

接收交代粤海關銀數盤核清楚

(乾隆五十九年十月二十二日)

日起至五十九年八月二十五日止計十一個
月零二十九日大關各口收銀九十七萬二千
三百六十七兩二錢二分五釐以上兩任統計
一年期内大關各口共收銀九十七萬二千九
百四十八兩五錢一釐内除通關支銷經費及
各口已徵未解等銀一十萬八千二百一十八
兩二錢七分八釐又奉文撥充本省兵餉移交
藩庫銀二十八萬兩又洋商未完進口夷税銀
四十七萬三千六百五十兩六錢七分九釐實
在存庫銀一十一萬一千七十九兩五錢四分

四七七　粤海關監督舒璽奏折

接收交代粤海關銀數盤核清楚
(乾隆五十九年十月二十二日)

四釐另存平餘罰料截曠銀二千二百一十兩
八錢七分七釐再查前監督蘇楞額經徵乾隆
六十一年分税課自五十九年八月二十六日
起至十月初三日止計一個月零八日大關各
口收銀三十萬五百三十三兩五錢八釐内除
通關支銷經費及各口已徵未解銀三千八百
四十兩四錢三分七釐又洋商未完進口夷税
銀二十七萬八千六百五十四兩二錢四分六
釐實在存庫銀一萬八千三十八兩八錢二分
五釐另存平餘罰料銀七十八兩一錢四分五

四七七　粵海關監督舒璽奏折
接收交代粵海關銀數盤核清楚
(乾隆五十九年十月二十二日)

釐奴才俱按册查明逐封彈兑接收清楚其各
行洋商未繳銀兩並准交有行商認狀印簿存
據查係前監督李質穎
奏明統於滿關後六個月内全完經部議准在案
奴才接篆後即將六十年分商欠税銀傳集各
商取具限狀立限開徵仍不時嚴催務令照限
掃數完納以憑起解不容稍有遲悞奴才仰荷
聖恩畀任海疆榷政凡應行查辦一切裕課通商剔
弊招徠事宜惟有勉竭愚誠實心經理籌酌妥
善必使税課豐盈以冀仰酬

高厚鴻慈於萬一所有接收關税銀數清楚緣由理
合恭摺
奏報伏乞
皇上睿鑒謹
奏

知道了

乾隆五十九年十月 二十二 日

四七八 粤海關監督蘇楞額奏折
報告粤海關收税情形(乾隆五十九年十月二十八日)

奴才蘇楞額跪

奏竊奴才經征六十年分税課定在共収正雜銀九十七萬二千九百兩零自八月二十五日滿關之後連日海洋風信大順截至九月二十三日止共報到進口洋船二十九隻俱經奴才親詣黄埔量驗陸續起卸貨物來省已共征銀二十餘萬兩奴才欽奉

恩旨計日旋京誠恐各口岸書役家人等或以奴才卸事在即稍有疏懈以致地方匪徒走私漏税更恐有不肖書役家人或於新舊交代之時乘機串通賣放奴才惟有較前倍加小心現已密差親信妥人潛赴各處切實稽訪奴才亦不時親身逐加查考務俾榷政肅清不任絲毫弊混俟新任監督舒璽到粤奴才即將關務情形詳細告知交代清楚迅速旋京合并附片陳明謹

奏

乾隆五十九年十月二十八日奉

硃批知道了欽此

四七九　粵海關監督舒璽奏折

報解粵海關關税盈餘銀兩赴部
（乾隆六十年三月十三日）

奴才舒璽跪

奏爲報明起解關税盈餘銀兩數目仰祈
聖鑒事竊照粵海關每年起解正雜銀兩例應具摺
奏報兹徵收乾隆六十年分關税廣州將軍福昌
署理任内自乾隆五十八年八月二十六日起
至本日止計一日共徵銀五百八十一兩二錢
七分六釐前監督蘇楞額管理任内自乾隆五
十八年八月二十七日起至五十九年八月二
十五日止計十一個月零二十九日共徵銀九
十七萬二千三百六十七兩二錢二分五釐兩

四七九　粵海關監督舒璽奏折

報解粵海關關税盈餘銀兩赴部

（乾隆六十年三月十三日）

任一年期内通關各口共徵銀九十七萬二千九百四十八兩五錢一釐前經循例先將徵收總數恭摺

奏明在案兹當起解之期應將收支撥解實數分款造報計徵正項盈餘銀五十四萬九千四百九兩七錢四分九釐雜項盈餘銀四十二萬三千五百三十八兩七錢五分二釐除照例於正項内支出銀四萬兩并銅斤水脚銀三千五百六十四兩移交藩庫取有庫收送部查核尚存正羡銀五十萬五千八百四十五兩七錢四分

四七九　粵海關監督舒璽奏折

報解粵海關關稅盈餘銀兩赴部
(乾隆六十年三月十三日)

九釐又照例於雜項内支出通關經費養廉工食及鎔銷折耗等銀四萬三百六十一兩八分五釐又支出觧交造辦處裁存備貢銀五萬五千兩又支出觧部節存水脚銀二萬九千七百九十一兩四錢五分一釐并部科飯食銀二萬二千八百八十兩四錢六分五釐尚存雜羡銀二十七萬五千五百五兩七錢五分一釐共存正雜盈餘銀七十八萬一千三百五十一兩五錢内除奉文撥觧廣東省甲寅年兵餉銀二十八萬兩又除撥觧廣東省丙辰年春季兵餉銀

三十萬兩又除撥解雲南省乙卯年兵餉銀一
十萬兩共撥解銀六十八萬兩實解部盈餘銀
一十萬一千三百五十一兩五錢又五十九年
分奏銷案内洋商借給豐泰行夷欠未完銀八
萬五千六兩八錢五分四釐今第四次繳回銀
四萬二千五百三兩四錢二分七釐尚未完銀
四萬二千五百三兩四錢二分七釐又洋商借
解川省軍需未完銀一十萬兩今第三次繳回
銀二萬五千兩尚未完銀七萬五千兩連前實
解盈餘共應解部銀一十六萬八千八百五十

四七九 粵海關監督舒璽奏折

報解粵海關關税盈餘銀兩赴部
(乾隆六十年三月十三日)

四兩九錢二分七釐又節省水脚銀二萬九千七百九十一兩四錢五分一釐又另觧節存平餘罰料截曠等銀七千六百三十兩六分六釐查此項平餘罰料截曠等銀遵照户部
奏准於奏銷盈餘摺内按數剔除入於本案報銷不歸併盈餘項下又查觧部税銀每千兩向有加平銀一十五兩今奉撥觧廣東雲南兩省兵餉共六十八萬兩所有加平毋庸添入計溢出銀一萬二百兩一併另款觧部除遵例具疏
題報按款具批於乾隆六十年二月二十五日起

分批委員起解赴部交納外再查預撥粤海關
乙卯年關餉撥充雲南省丙辰年春季兵餉銀
二十萬兩又撥還雲南省封貯急需銀二十七
萬七千一兩四錢又撥解雲南省丙辰年銅本
銀二十萬兩具加平小封應請支存統歸六十
一年分
奏銷報解以清年款合並陳明所有錢糧收支實
解數目理合恭摺
奏報伏乞
皇上睿鑒敕部核覆施行謹

四七九 粤海關監督舒璽奏折
報解粤海關關税盈餘銀兩赴部
(乾隆六十年三月十三日)

四七九　粵海關監督舒璽奏折

報解粵海關關稅盈餘銀兩赴部
（乾隆六十年三月十三日）

奏

[illegible]

乾隆六十年三月　十三　日

四八〇 署理兩廣總督朱圭奏折

洋行商人石中和拖欠夷貨價銀審擬查辦（乾隆六十年六月十一日）

朱珪　洋行商人石中和

舒璽　發伊犁當差

供單○、交

奏

七月十八日

左都御史兼署兩廣總督暫留廣東巡撫臣朱珪

粵海關監督臣舒璽跪

奏為行商拖欠夷貨價銀審明查辦恭摺奏

聞事竊照西洋國夷商吵咻哎吐呾等呈控而益行石中和欠伊貨

四八〇　署理兩廣總督朱圭奏折

洋行商人石中和拖欠夷貨價銀審擬查辦(乾隆六十年六月十一日)

銀七十五萬零六千兩有奇，又息銀四萬四千二百三十三兩有奇。啵唧喹啁等呈控而益行欠伊貨銀三十一萬五千零四十兩有奇，并稱乾隆五十九年十月內大班說而益行有許多田土房屋貨物變價足以還清無虞，交易買賣並無異言。近聞伊將產業文契付與茶客準帳，此項產業應先准其債欠追償財本等情。並據該行商石中和呈出田房產業貨物懇飭估變，並請同行各商承受行業代完所欠等情。當經督臣長麟會同臣朱珪、臣舒璽督同兩司親提該商嚴訊，據實隨將石中和即指戩羈外，即石懷璉摘去頂戴，發府收禁，一面飭委廣州府知府

四八〇　署理兩廣總督朱圭奏折

洋行商人石中和拖欠夷貨價銀審擬查辦(乾隆六十年六月十一日)

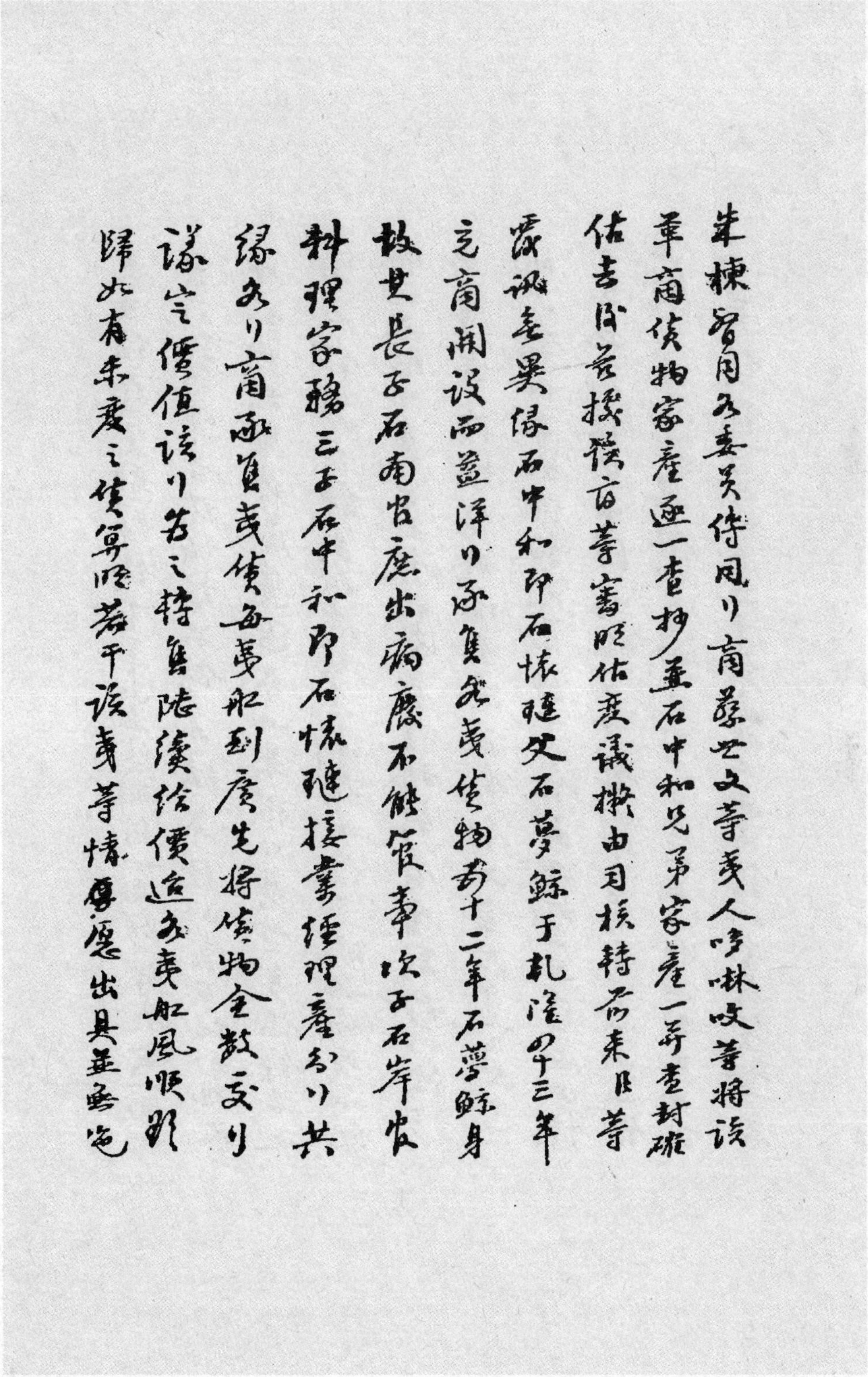
朱珪督同各委員傳同行商蔡世文等夷人哆啉吱等將該
革商貨物家產逐一查抄並石中和兄弟家產一併查封確
估去後茲據該府等審明估變議擬由司核轉前來臣等
覆訊悉係石中和即石懷璉父石夢鯨于乾隆四十三年
充商開設而益洋行承買各夷貨物五十二年石夢鯨身
故其長子石甫省庶出病廢不能管事次子石岸農
料理家務三子石中和即石懷璉接業經理產各行共
緣各行商承買夷貨每夷船到廣先將貨物全數交行
議定價值該行等之轉售陸續給價迨各夷船風順開
歸如有未交之貨算明若干該夷等情願出具並無追

四八〇　署理兩廣總督朱圭奏折

洋行商人石中和拖欠夷貨價銀審擬查辦(乾隆六十年六月十一日)

欠甘結印先駛歸俟下年置貨到行一面歸清舊欠一面又
交新貨等語搭砌搪不能年清年款此實在情形也石
中和因利壓本虧墊近年以來拖欠夷貨多係鐘表玉
頭原價高昂積壓既久貨色漸舊時值平減每屆夷船開
帆回國既價遞年付銀付茶甚難挪新層層轉折以致積
至本年除填完外尚有應交餉銀七萬六千一百六十二
兩六錢五分九厘及關分頭等銀五千九百三十二兩四錢
三分七厘積欠西洋嗎啉吱等銀七十七萬零六十兩二錢
五錢二分四厘息銀四萬四千二百三十三兩一錢三分六厘嘅
咭等貨銀三十一萬七千零四十五兩五錢八分無夷人與石

州父子交手多年積壓歸結仍皆無常更易該革商以日
積日增勢難彌補將行貨物及父遺田房產業典數開
呈懇求飭發同行無估承變以清餉欠等項各夷人因聞
石中和尚欠內地茶客價銀恐其將產分抵隨具呈請
核辦當經臣等親提會鞫飭委廣州府朱棟等將該革
查封估變並令行商蔡世文等責商為辦收等
商貨物家產並伊兄弟已分家產逐細一體查抄照同各
行商及經紀人等逐加確估共值銀四十三萬四百六十
九兩零鐵列冊呈核一面分委員役遍示曉諭嚴密訪查提
訊石中和嚴加刑詰此外委無別項隱匿寄頓財產並據
行商蔡世文等與夷商等公籌以石中和接充而並行

四八〇　署理兩廣總督朱圭奏折

洋行商人石中和拖欠夷貨價銀審擬查辦(乾隆六十年六月十一日)

商拖欠餉項夷欠共銀一百二十一萬三千四百三十四兩零三分六厘除夷人欠石中和銀一十四萬兩作抵及利息銀四萬四千二百三十三兩一錢三分六厘免追外現估查抄產業貨物銀四十三萬零四百六十九兩五錢各行商承領變價完餉抵欠除撥抵餉項及收潤分頭共銀八萬二千零九十五兩零九分六厘又應還夷欠銀三十四萬八千三百七十四兩四錢四厘外計尚欠哆啉呅啵唧等共銀五十九萬八千七百三十一兩四錢情愿公眾代填惟為數甚多請將該商等連年公收行用銀兩自本年為始分作六年代還據通事詳盤等情據夷商哆啉呅啵唧等全稱石中和欠伊

四八〇　署理兩廣總督朱圭奏折

洋行商人石中和拖欠夷貨價銀審擬查辦(乾隆六十年六月十一日)

等貨銀共一百一十三萬一千三百三十八兩九錢四分係本息
銀四萬四千二百餘兩又估定著欠粟抵銀十四萬兩外餘銀
業將貨物家產查估應抵及眾行商分限代還完應
於欠等情查該商承接父業不以善經營以致積欠等
商銀兩除變產抵還外尚欠五十九萬八千餘兩之多
自應分別追繳治罪查例載交結外國誆騙財物者
邊遠充軍等語又查乾隆四十五年（五十五年等）行商顏時瑛張
天球吳昭平等拖欠夷人貨價等賬不還節經奏明將該
商等從重發往新疆伊犁等處當差未完帑欠著
應同行各商於行用內分年代還在案兹該將該商

四八〇 署理兩廣總督朱圭奏折
洋行商人石中和拖欠夷貨價銀審擬查辦(乾隆六十年六月十一日)

石中和即石懷璉革去職銜發往伊犁當差以示懲儆查抄該商名下貨物家產飭交各行商承領變價先將關餉各行等銀照數完繳餘銀作速承變給還夷人哆啉哎等積欠尚短番銀五十九萬八千七百三十一兩零現據各行商等情願照前革商顏時瑛等案設立公櫃將各行用銀陸續扣收存貯分限六年代還定為今歲限滿給還該商尚有欠內地茶商銀兩應着落石中和家房及伊胞兄石岸賢等勒限清理革商石中和即石懷璉原捐執照飭追咨銷所有臣等審擬查辦

四八〇　署理兩廣總督朱圭奏折　洋行商人石中和拖欠夷貨價銀審擬查辦(乾隆六十年六月十一日)

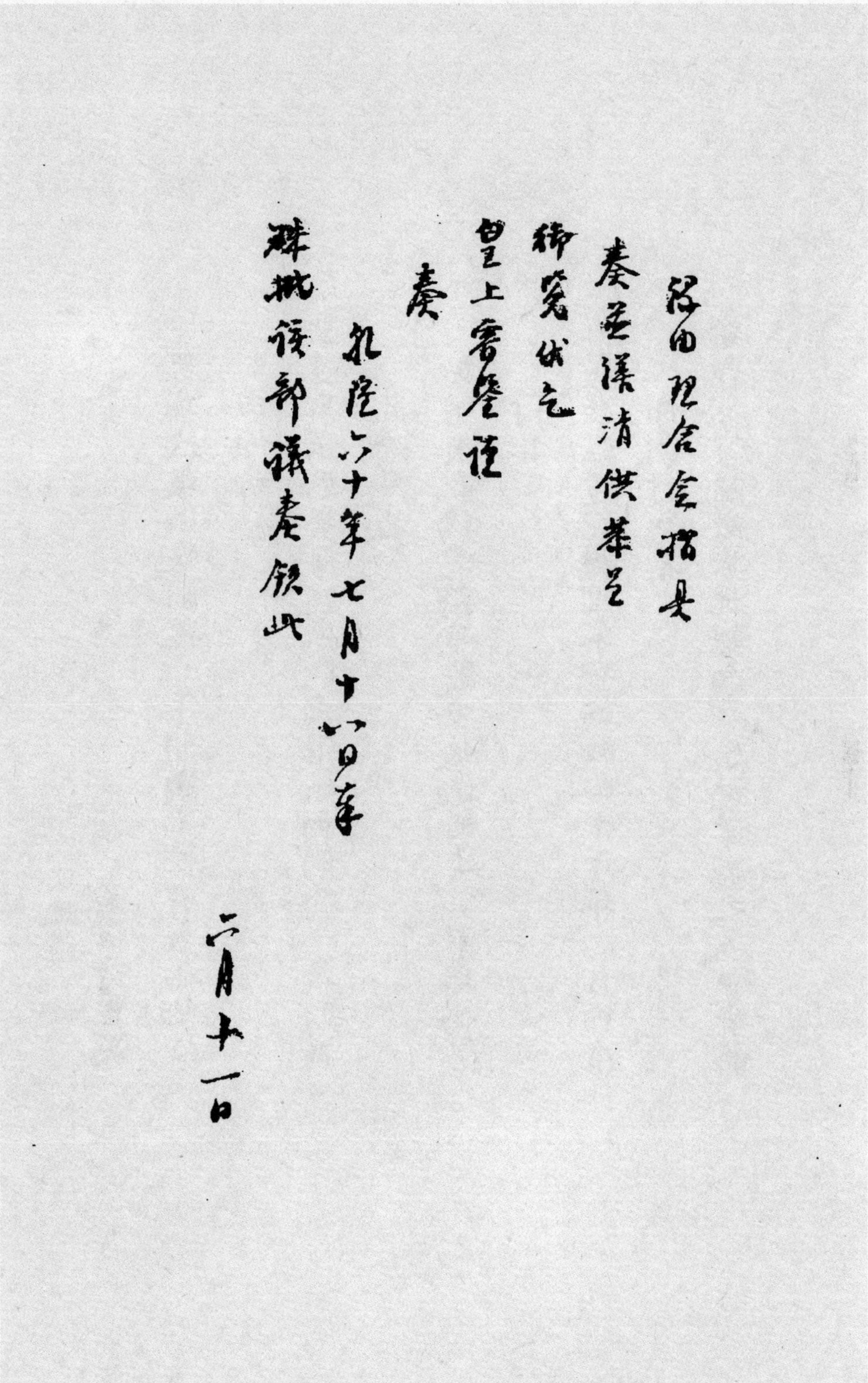
緣由理合會摺具
奏並謄清供恭呈
御覽伏乞
皇上睿鑒謹
奏
乾隆六十年七月十四日奉
硃批該部議奏欽此

六月十一日

四八一　粤海關監督舒璽奏折

粤海關征收關稅比較有盈無絀
（乾隆六十年八月二十八日）

奴才舒璽跪

奏爲恭報徵收關稅一年期滿比較有盈無絀緣

由仰祈

聖鑒事竊照粤海關應徵正雜銀兩例於一年期滿

先將總數

奏明俟查核支銷確數分款造册委員解部仍另

行具

題歷經遵照辦理案查乾隆四十六年二月内准

部劄行欽奉

諭旨粤海關徵收稅課向来原視洋船之多少貨物

四八一　粤海關監督舒璽奏折

粤海關征收關稅比較有盈無絀
（乾隆六十年八月二十八日）

之粗細以定盈絀非滸墅等關徵收内地貨物者
可比嗣後該部查核粤海關徵收稅課即以該年
貨物船隻核實考察等因欽此嗣於乾隆四十七
年四月内經户部議准粤海關稅銀以乾隆四
十一二兩年作爲比較在案又乾隆五十八年
正月内准部劄行欽奉
諭旨嗣後粤海關稅務竟不必令督撫兼管其每月
到關船數若干所載貨物粗細各若干著責成該
督撫詳細查明按月造册容行咨報户部俟一年
期滿時交該部將該督撫所報清册與該監督所

四八一　粤海關監督舒璽奏折

粤海關征收關税比較有盈無絀

(乾隆六十年八月二十八日)

報清册彙總核對如有不符之處即行叅辦等因
欽此欽遵各在案兹丙辰年分徵收關税前監
督蘇楞額管理任内自乾隆五十九年八月二
十六日起至十月初三日止計一個月零八日
奴才舒璽於十月初四日到任接管起連閏扣
至六十年七月二十五日止計十個月零二十
二日兩任統計一年期内計到洋船五十九隻
通關各口共徵收正雜盈餘銀一百一十七萬
一千九百一十一兩零比照上届六十年分到
關洋船四十三隻收銀九十七萬二千九百四

十八兩零計多收銀一十九萬八千九百六十三兩零又查四十一二兩年每年徵收銀五十八萬八千四百餘兩今丙辰年分徵收數目比照四十一二兩年均多收銀五十八萬三千五百一十兩零除欽遵將到關船數及貨物粗細分別按月造冊送部彙總核對并遵照原定限期於滿關後六個月内將通關税銀起觧赴部交納外所有一年期滿徵收總數比較有盈無絀緣由謹循例恭摺具

奏伏乞

四八一 粵海關監督舒璽奏折

粵海關征收關稅比較有盈無絀
(乾隆六十年八月二十八日)

皇上睿鑒謹
奏

知道

乾隆六十年八月二十八日

再查粵東洋鹽商人一則賴
聖主聲教之敷貿洋貨而沾厚潤一則仰
國家鹽筴之利借官引以贍私家近年以來番舶
較多百貨雲集現在各國番船又已鱗次入口
該商等獲利倍豐而鹺務改
帑歸綱各商以本規利交納餉課之外儘有贏餘
且洋鹽兩商一切浮費近已革除臣等先後到
任復又嚴行查禁實無別項花銷伊等雖係微
末商人而感沐

四八二　奏折

粵東洋鹽商人貢銀分年搭解京城交内務府查收(乾隆朝)

鴻仁籲懇輸銀祝
蝦實出慶忭至誠臣等下見似應仰求
聖主天恩俯予
賞收俾得遂其芹獻之忱該商等實不勝榮幸如蒙
恩允所有敬供銀兩自應即時備繳不便援照上年
臺餉之例於藩庫借項墊支惟是該商等貲本
俱係在外輾轤轉運一時驟難攢集所有洋商
敬供銀二十萬兩請分作四年附搭粵海關餉
銀解京鹽商敬供銀十萬兩請分作兩年附搭

四八二　奏折

粵東洋鹽商人貢銀分年搭解京城交內務府查收(乾隆朝)

鹽課

奏銷項下銀兩解京均交

內務府按年查收合併聲明謹

奏

猶不足矣

四八三　粤海關監督常福奏折

報告粤海關征税銀數并比較數目
(嘉慶三年七月二十六日)

奴才常福跪

奏爲關税一年期滿比較緣由仰祈
聖鑒事竊照粤海關征收正雜銀兩例應一年期滿
先將總數
奏明俟查核支銷確數分款造册委員解部另行
具
題歷經遵照辦理查乾隆四十六年二月十三日
承准户部劄行奉
旨粤海關經征税課向來原視洋船之多少貨物之
粗細以定盈絀非滸墅等關征收内地貨物者可

四八三　粤海關監督常福奏折

報告粤海關征税銀數并比較數目
（嘉慶三年七月二十六日）

比嗣後該部查核粤海關征收税課即以該年之
船隻貨物核實考察毋庸照各關例照上三届比
較欽此欽遵在案又乾隆四十七年四月内經戸
部議准粤海關税銀以乾隆四十一二兩年作
爲比較亦在案兹奴才經征己未年分關税自
嘉慶二年閏六月二十六日起至本年六月二
十五日止一年期滿大關各口共征銀一百三
萬五千七百五十七兩四錢七分七釐比較上
届戊午年分收銀九十七萬三千一百七十二
兩九錢七分五釐計多收銀六萬二千五百八

十四兩五錢二釐照乾隆四十一二兩年額定
比較計多收銀四十四萬餘兩除欽遵
諭旨將到關船數及貨物粗細分別造冊送部核對
並照原限於滿關後六個月將稅銀征齊起解
外所有關稅一年期滿比較緣由理合恭摺具
奏伏乞
皇上睿鑒謹
奏
該部知道
嘉慶三年七月　二十六　日

四八四　粤海關監督常福奏折　報解關税盈餘數目
（嘉慶四年正月二十日）

奴才常福跪

奏為報明起解關税盈餘銀兩數目仰祈
睿鑒事竊照粤海關每年起解正雜銀兩例應具摺
奏報茲已未年分關税自嘉慶二年閏六月二十
六日起至嘉慶三年六月二十五日止一年期
内通關各口共征銀一百三萬五千七百五十
七兩四錢七分七釐業經恭摺
奏明在案茲當起解之期應將收支撥解實數分
別造報查已未年分共征銀一百三萬五千七
百五十七兩四錢七分七釐内正項盈餘銀五

十五萬七千九百七十九兩四錢九分五釐除
循例支出銀四萬兩并銅斤水脚銀三千五百
六十四兩移交藩庫取有庫收送部查核尚存
正羡銀五十一萬四千四百一十五兩四錢九
分五釐又雜羡盈餘銀四十七萬七千七百七
十七兩九錢八分二釐除支出通關經費養廉
工食及鎔銷折耗等銀四萬三百八十四兩一
錢四分七釐又支出解造辦處裁存備貢銀五
萬五千兩又支出解部動支報解水脚銀三萬
二千二百七兩一錢五釐部科飯食銀二萬四

千五百六十兩七錢三分九釐尚存雜羨盈餘
銀三十二萬五千六百二十五兩九錢九分一
釐共存應解正雜盈餘銀八十四萬四十一兩
四錢八分六釐内除奉文撥解黔省鉛本銀二
十六萬二千九百九十二兩二錢二釐除將戊
午年分撥存銀一十三萬二千八百九十二兩
二錢二釐並洋商借捐川省賞賚第六次繳清
銀二萬五千兩加入儘數撥解外尚不敷銀數
在於已未年分征存盈餘銀内湊撥銀一十萬
五千一百兩業於戊午年分奏銷案内聲明又

四八四　粤海關監督常福奏折
報解關税盈餘數目
(嘉慶四年正月二十日)

奉文撥解廣西省戊午年兵餉銀一十萬兩又
奉文撥解廣東省戊午年兵餉銀二十萬兩并
已未年春季兵餉銀三十萬兩尚存正雜盈餘
銀一十三萬四千九百四十一兩四錢八分六
釐嗣又奉文撥解黔省兵餉等銀一十九萬七
千五百五十七兩四錢六分八釐除將前項存
銀一十三萬四千九百四十一兩四錢八分六
釐儘數撥解外尚不敷銀六萬二千六百一十
五兩九錢八分二釐在於庚申年分征存盈餘
銀内撥解足額所有已未年分應解正雜盈餘

銀兩全數支撥完訖尚應解部動支報解水脚
銀三萬二千二百七兩一錢五釐又應另解動
支報解平餘罰料截曠等銀六千八百八十兩
五錢四分查此項平餘罰料截曠等銀欽遵戶
部
奏准於奏銷案内按數剔除入於本案報銷不歸
併盈餘項下又查解部稅銀每千兩向有加平
銀一十五兩今己未年分奏撥解黔省鉛本銀
一十萬五千一百兩又撥解廣西省戊午年兵
餉銀一十萬兩又撥解廣東省戊午年年兵餉銀

四八四　粤海關監督常福奏折

報解關税盈餘數目
（嘉慶四年正月二十日）

二十萬兩并已未年春季兵餉銀三十萬兩又
撥解黔省兵餉等銀一十三萬四千九百四十
一兩四錢八分六釐所有加平無庸添入計溢
出銀一萬二千六百兩六錢二分二釐一并另
款解部除遵例具疏
題報按款具批於嘉慶三年十二月十六日委員
起解赴部交納外再查粤海關庚申年分關餉
支撥湊解黔省兵餉等銀六萬二千六百一十
五兩九錢八分二釐具加平小封應支存歸於
庚申年分

四八四　粵海關監督常福奏折
報解關稅盈餘數目
(嘉慶四年正月二十日)

奏銷報解以清年款合并陳明所有錢糧收支實
解數目理合恭摺
奏報伏乞
皇上睿鑒敕部核覆施行謹
奏
户部知道

嘉慶四年正月　二十　日

四八五　内閣奉上諭

著將各關盈餘一項三年比較之例永行停止（嘉慶四年三月十八日）

嘉慶四年三月十八日内閣奉

上諭向來各關徵税於正額之外將贏餘一項比較

上三屆徵收最多年分如有不敷即著徵收之員

賠補以致司榷各員藉端苛斂而賠繳之項仍未

能如數完交徒屬有名無實因思各關情形不同

所有贏餘數目自應酌中定制以歸核實而示體

䘏已於户部所奏各關贏餘銀數清單内經朕畫照

往年加多之數分别核减自此次定額之後倘各

關每年盈餘於新定之數再有短少者即行著落

賠補如於定數或有多餘亦即儘收儘解其三年

比較之例著永行停止至工部船料竹木等税除

四八五　内閣奉上諭

著將各關盈餘一項三年比較之例永行停止(嘉慶四年三月十八日)

渝閘贏餘向無定額及由閘等關並無贏餘外其餘亦經分别減定嗣後即一律辦理毋庸再行比較單併發欽此

四八六　粤海關監督常福奏折
叩謝欽點核減盈餘數目
(嘉慶四年五月十一日)

奴才常福跪

奏為恭謝

天恩事。嘉慶四年五月初八日，奴才奉准户部劄行，

内開：三月十八日奉

上諭：向來各關徵税，於正額之外將贏餘一項比較

上三屆徵收最多年分，如有不敷，即著經徵之員

賠補，以致司榷各員藉端苛斂，而賠繳之項仍未

能如數完交，徒屬有名無實。因思各關情形不同，

所有盈餘數目自應酌中定制，以歸核實而示體

恤。已於户部所奏各關盈餘銀數清單内經朕查

四八六 粤海關監督常福奏折
叩謝欽點核減盈餘數目
(嘉慶四年五月十一日)

照往年加多之數分别核減自此次定額之後倘
各關每年盈餘於新定之數再有短少即行著落
賠補如於定數或有多餘亦即儘收儘解其三年
比較之例著永行停止至工部船料竹木等税除
渝關盈餘向無定額及由閘等關並無盈餘外其
餘亦經分别減定嗣後即一律辦理毋庸再行比
較單併發欽此又奉粘單内開嘉慶四年
欽定粤海關盈餘銀八十五萬五千五百兩等因遵
旨轉行前來奴才跪誦之下仰見我
皇上體恤商民核實折衷之至意伏查粤海一關為

四八六　粵海關監督常福奏折
叩謝欽點核減盈餘數目
(嘉慶四年五月十一日)

錢糧較多之區各國夷船到廣貿易按例徵收貨税盈餘逐漸加增奴才奉差司榷到任兩年本年六月又屆滿關照例三年比較恐未能足額方深惴惴兹欽奉
恩綸普行核減各關盈餘停止三年比較而粵海關
減數尤多
浩蕩殊恩實同
幬載奴才嗣後辦理税務惟有仰體
聖慈潔己恤商加倍約束丁役毋許絲毫苛斂當即
欽遵

四八六　粵海關監督常福奏折

叩謝欽點核減盈餘數目
（嘉慶四年五月十一日）

諭旨敬謹謄黄刊刷於省城十三行及奧門等處懸
掛宣示不但奴才無賠繳之事即各國夷商及
內地客民均沾
聖澤無不感頌
皇仁同聲頂戴除俟滿關時統計盈餘遵
旨辦理外所有奴才感激下忱理合繕摺具
奏恭謝
天恩伏祈
皇上睿鑒謹
奏

儘收儘解在汝自有天良裕國通商設閃非爲私計秉公矢慎爲之

嘉慶四年五月十一日

四八七　兩廣總督吉慶奏折

請恩準粤省洋鹽商人捐銀
(嘉慶四年五月十八日)

兩廣總督臣覺羅吉慶
粤海關監督臣常福 跪

奏為據情籲懇
聖恩事竊臣等據洋行商人潘致祥盧觀恒葉上林
伍忠誠劉德章倪秉發鄭崇謙潘長耀等呈稱
商等分居微末仰被
深仁自開設洋行業傳數代家計日增饒裕今蒙
皇上特恩減免關餉盈餘數十萬商等轉運益覺從
容感激
鴻慈淪肌浹髓茲值四川教匪指日蕩平情願敬輸
銀二十萬兩以備凱旋

四八七　兩廣總督吉慶奏折　請恩準粵省洋鹽商人捐銀(嘉慶四年五月十八日)

賞賚之需稍展下悃懇請於藩庫先行借支自庚申
年起分作六年完解等情又據鹽務局商温永
裕陳維屏吳昆同等運商吳叙慈倪瑶璋湯玉
成陳春和李念德等呈稱商等承辦兩粵鹽務
世受
國恩凡今額引之折輸悉荷
聖慈之優渥自攺綱以來埠地俱有起色商力亦覺
展舒情願敬備凱旋
賞賚銀二十萬兩稍展蟻忱懇於原發帑本項下借
支自庚申年起分作六年按引完解等因臣等

四八七 兩廣總督吉慶奏折

請恩準粵省洋鹽商人捐銀
(嘉慶四年五月十八日)

查粵省洋鹽兩商仰被
豢養隆恩共深感戴今洋鹽各商等呈請捐輸共銀
四十萬兩以備凱旋
賞賚查其情詞寔出至誠臣等不敢壅於上
聞理合據情代
奏伏乞
皇上睿鑒
俯賜恩准施行謹
奏
即有旨
嘉慶四年五月 十八 日

四八八　内閣奉上諭

著準洋商潘致祥等捐銀以備凱旋賞需并照例議叙(嘉慶四年六月初十日)

嘉慶四年六月初十日内閣奉

上諭吉慶常福奏洋商潘致祥等鹽商温永裕等請各捐銀二十萬兩以備凱旋賞需一摺該商等踴躍急公情詞懇切自應俯准所請以遂其報効之誠著照兩淮浙江長蘆商人之例酌加減免准其各交銀十二萬兩於藩庫及帑本項下借支分作六年完繳仍將該商等交部照例分别議叙但前此兩淮商人復經徵瑞奏請將減免銀一百萬兩仍准捐輸當經降旨飭諭徵瑞不准交納著吉慶常福傳知洋鹽各商不必以此次捐輸銀兩未經全行賞收再行續請以示體卹欽此

四八九　兩廣總督吉慶奏折
經收粵海關關稅一年期滿
（嘉慶四年七月二十五日）

兩廣總督兼署粵海關監督臣覺羅吉慶跪

奏為經徵關稅一年期滿數目仰祈
聖鑒事竊照粵海關徵收正雜銀兩例應一年期滿
先將總數
奏明俟查核支銷確數分款造冊委員解部另行
具
題歷經遵照辦理查嘉慶四年五月初八日承准
戶部劄行奉
上諭向來各關徵稅於正額之外將盈餘一項比較

四八九　兩廣總督吉慶奏折

經收粵海關關税一年期滿
(嘉慶四年七月二十五日)

上三屆徵收最多年分如有不敷即着經徵之員
賠補以致司榷各員藉端苛斂而賠繳之項仍未
能如數完交徒屬有名無實因思各關情形不同
所有盈餘數目自應酌中定制以歸核實而示體
恤已於户部所奏各關盈餘銀數清單内經朕查
照往年加多之數分别核減自此次定額之後倘
各關每年盈餘於新定之數再有短少即行着落
賠補如於定數或有多餘亦即儘收儘解其三年
比較之例着永行停止等因並蒙
欽定粵海關盈餘銀八十五萬五千五百兩欽此欽

遵在案茲查經徵庚申年分關稅監督常福管
理任内自嘉慶三年六月二十六日起至本年
六月十五日止計十一個月零二十日奴才兼
署任内自六月十六日起至本月二十五日止
計十日兩任統計一年期滿大關各口共徵銀
九十三萬七千七十三兩二錢六分遵照
欽定盈餘之數有盈無絀除將到關船數及貨物粗
細分别造冊送部核對並照原限於滿關後六
個月將稅銀徵齊起解外所有經徵關稅一年
期滿緣由理合恭摺具
奏伏乞

四八九 兩廣總督吉慶奏折 經收粤海關關稅一年期滿
(嘉慶四年七月二十五日)

即行解部可也

卿經理關稅等事毫無可疑應起解者

奏

皇上睿鑒謹

嘉慶四年七月　二十五　日

四九〇　粤海關監督佶山奏折　報告接印日期（嘉慶四年八月十三日）

粤海關監督奴才佶山跪

奏爲恭報接印日期仰祈

聖鑒事竊奴才欽奉

恩命簡放粤海關監督趨赴

闕廷請

訓跪聆

天語周詳仰荷

聖慈優渥遵即起程赴任兹於八月十二日行抵廣

東省城准署關務兩廣督臣覺羅吉慶委員賫

送粤海關關防一顆并文卷册檔及庫貯錢糧

四九〇　粵海關監督佶山奏折

報告接印日期(嘉慶四年八月十三日)

造冊移交前来奴才當即恭設香案望
闕叩頭祗領任事訖伏念奴才内府世僕極陋至愚
備沐
仁慈補授武備院卿寸長未効今復
畀以關務重任撫躬循省凛畏益深惟有事事欽遵
訓誨時時竭盡血誠務期稅課充裕貿易流通仰報
聖主高厚鴻施於萬一除將庫貯錢糧及一切交代
按款收清循例恭疏具
題外所有奴才接印日期併感激下忱理合繕摺
恭謝

四九〇　粵海關監督佶山奏折

報告接印日期(嘉慶四年八月十三日)

莫敢常毋高興儘收儘解勿好奢華

奏

皇上睿鑒謹

天恩伏乞

嘉慶四年八月　十三　日

四九一　兩廣總督吉慶奉上諭著獎勵廣東洋鹽各商及兩淮兩浙鹽商懇請捐銀(嘉慶五年正月十七日)

軍機大臣　密寄
兩廣總督吉　傳諭粵海關監督佶山兩淮鹽
政書魯兩浙鹽政延豐　嘉慶五年正月十七
日奉
上諭上年據吉慶常福徵瑞蘇楞額等先後奏稱廣
東洋鹽各商及兩淮兩浙鹽商等懇請捐銀以備
軍營善後之用其時計軍務將次蔵事是以未經
全行賞收僅將粵東洋鹽各商酌收十二萬兩兩
淮鹽商酌收二百萬兩兩浙鹽商酌收一百萬兩
均經加恩議叙現在川陝賊匪雖已窮蹙但尚未
剿捕淨盡即日大功告成籌辦善後一切需費尚

多所有粵東兩淮兩浙各商上年願捐銀兩自己
豫為籌備着密諭吉慶及佶山書魯延豐等作為
己意奬勵各商等再請捐輸如該商等踴躍報効
即據情代奏俟奏到日降旨加恩其粵東捐項自
可解京兩淮兩浙捐項即留於該省聽候動撥將
此由四百里密諭知之欽此遵
旨寄信前來

四九二　粵海關監督佶山奏折

經征粵海關關稅一年期滿數目
（嘉慶五年六月二十一日）

奴才佶山跪

奏爲恭報經徵關稅一年期滿數目仰祈

聖鑒事竊照粵海關徵收正雜銀兩例應一年期滿

先將總數

奏明俟查核支銷確數分款造冊解部另行具

題歷經遵照辦理又於嘉慶四年五月初八日承

准戶部劄行奉

上諭向來各關徵稅於正額之外將盈餘一項比較

上三屆徵收最多年分如有不敷即著經徵之員

賠補以致司榷各員藉端苛斂而賠繳之項仍未

四九二　粵海關監督佶山奏折　經征粵海關關税一年期滿數目（嘉慶五年六月二十一日）

能如數完交徒屬有名無實因思各關情形不同
所有盈餘數目自應酌中定制以歸核實而示體
恤已於户部所奏各關盈餘銀數清单内經朕查
照往年加多之數分别核减自此次定額之後倘
各關每年盈餘於新定之數再有短少即行著落
賠補如於定數或有多餘亦即儘收儘解其三年
比較之例著永行停止並奉
欽定粵海關盈餘銀八十五萬五千五百兩欽此欽
遵各在案兹查經徵辛酉年分關税自嘉慶四
年六月二十六日起至嘉慶五年五月二十五

四九二　粤海關監督佶山奏折

經征粤海關關税一年期滿數目
（嘉慶五年六月二十一日）

日止連閏一年期滿内兩廣督臣覺羅吉慶兼署任内自嘉慶四年六月二十六日起至八月十一日止計一個月零十六日大關各口共徵銀四萬四千七百五十兩六錢九分七釐奴才接管任内自八月十二日起連閏至嘉慶五年五月二十五日止計十個月零十四日大關各口共徵銀一百一十五萬六千四百九十五兩八錢四分兩任統計共徵銀一百二十萬一千二百四十六兩五錢三分七釐核與

欽定盈餘之數計多收銀三十四萬五千七百四十

四九二　粤海關監督佶山奏折

經征粤海關關税一年期滿數目（嘉慶五年六月二十一日）

六兩零除將到關船數貨物粗細分別造冊送

部外所有關税一年期滿緣由理合恭摺具

奏伏乞

皇上睿鑒謹

奏

戶部知道

嘉慶五年六月　二十一　日

四九三　粵海關監督佶山奏折

粵海關存庫銀兩請解交部庫
（嘉慶五年六月二十一日）

奴才佶山跪

奏再查粵海關向例徵收大關出口及本港福潮等稅俱係隨時完繳惟大關進口餉銀係行商代夷輸納經前監督李質穎

奏明於滿關後六個月徵齊起解此次辛酉年分共徵銀一百二十萬一千餘两内已收過出口福潮及各口解到銀四十四萬五千餘兩除奉文撥解廣東兵餉銀五十萬兩將庚申年分撥存銀儘數撥解外在於本年分湊撥銀二十五萬五千餘兩又大關支銷過經費等銀一萬四

千餘兩尚存關庫銀一十七萬五千餘兩其大
關進口餉銀雖有限期奴才誠恐或有撥用之
處飭令各商先行分半繳納銀三十七萬四千
餘兩連前共徵存關庫銀五十五萬餘兩應否
即行委員解交部庫以備提撥或仍俟徵齊起
解合并附片陳明伏祈
訓示祗遵謹
奏
即有旨

四九四　兩廣總督吉慶奏折

廣東洋鹽商人潘致祥等再請捐輸銀兩(嘉慶五年七月三十日)

兩廣總督臣覺羅吉慶
廣東巡撫臣瑚圖禮跪

奏為粵省捐監踴躍應否停止奏
聞請
旨事竊照各省捐納監生欽奉
上諭捐監原以籌備封貯著各該撫查明報捐後無
論何省一俟封貯銀兩足數即先行具奏停止等
因欽此當經飭令藩司常齡照依部定章程妥
為辦理茲據該司詳稱粵東藩庫封貯銀三十
一萬二百二十二兩五錢四分一厘全行借動
止存銀二百餘兩自本年四月初八日開夘捐
監起至七月二十八日共四十三夘收銀三十

四九四 兩廣總督吉慶奏折

廣東洋鹽商人潘致祥等再請捐輸銀兩(嘉慶五年七月三十日)

九萬一千六百兩除歸還原借封貯銀三十一
萬兩外餘銀八萬一千六百兩查各俊秀因本
省報捐甚便歡欣樂從每夘具呈者有數十名
或百餘名不等者來續後報捐者尚復不少恐
遠者趕到而捐例已停未免阻其踴躍向上之
心應否停止之處詳請具
奏等情臣等伏查捐項既敷封貯自應
奏明停捐但開捐僅止數月附近俊秀均已報捐
而遠府尚有未到者若即行截止未免向隅合
無仰懇
皇上天恩暫緩停止俟將來報捐較少時再行

四九四　兩廣總督吉慶奏折

廣東洋鹽商人潘致祥等再請捐輸銀兩(嘉慶五年七月三十日)

奏明俾捐以遂各俊秀歡欣向上之心是否有當伏祈
訓示遵行如蒙
恩允所有捐項除歸還封貯外其餘銀兩一有成數
即行報部候撥理合恭摺具
奏伏乞
皇上睿鑒謹
奏
即有旨
嘉慶五年七月　三十　日

四九五　粵海關監督佶山奏折　起解關稅盈餘銀兩數目
（嘉慶五年十二月二十二日）

奴才佶山跪

奏爲循例報明起解關稅盈餘銀兩數目仰祈
睿鑒事竊照粵海關每年起解正雜銀兩例應具摺
奏報茲辛酉年分關稅兩廣總督臣覺羅吉慶兼
署任内自嘉慶四年六月二十六日起至八月
十一日止計一個月零十六日共徵銀四萬四
千七百五十兩六錢九分七釐奴才接管任内
自嘉慶四年八月十二日起至嘉慶五年連閏
扣至五月二十五日止計十個月零十四日共
徵銀一百一十五萬六千四百九十五兩八錢

四九五　粤海關監督佶山奏折

起解關税盈餘銀兩數目

(嘉慶五年十二月二十二日)

四分兩任一年期内通關各口共徵銀一百二
十萬一千二百四十六兩五錢三分七釐業經
恭摺具
奏兹當起解之期應將收支撥解實數分晰造報
伏查辛酉年分共徵銀一百二十萬一千二百
四十六兩五錢三分七釐内正項盈餘銀七十
一萬三千七百八十三兩七錢三分除循例支
出銀四萬兩并銅斤水脚銀三千五百六十四
兩移交藩庫取有庫收送部查核尚存正羡銀
六十七萬二百一十九兩七錢三分又雜羡盈

餘銀四十八萬七千四百六十二兩八錢七釐
除支出通關經費養廉工食及鎔銷折耗等銀
三萬九千九百三十一兩六錢五分四釐又支
出觧造辦處裁存備貢銀五萬五千兩又支出
動支報觧水脚銀三萬八千二百三十三兩二
錢九分七釐部科飯食銀二萬九千九十八兩
六錢八分六釐尚存雜羡盈餘銀三十二萬五
千一百九十九兩一錢七分共存應觧正雜盈
餘銀九十九萬五千四百一十八兩九錢内除
上年奉文撥觧廣東省兵餉銀五十萬兩除將

四九五 粤海關監督佶山奏折
起解關税盈餘銀兩數目
(嘉慶五年十二月二十二日)

庚申年分撥存銀二十四萬四千三百九十三兩一錢六分七釐儘數撥解外尚不敷銀數即在辛酉年分徵存盈餘銀内凑撥銀二十五萬五千六百六兩八錢三分三釐業於庚申年分奏銷案内聲明又本年奉文撥解廣東省兵餉銀五十七萬八千一百二十四兩一分六釐先於關庫存銀内撥解銀三十萬兩尚存正雜盈餘銀四十三萬九千八百一十二兩六分七釐正在續撥間接奉

上諭著將關庫徵存銀三十萬兩解赴湖北省城二

十五萬兩解赴四川省城備用等因欽此隨於關
庫撥存銀四十三萬九千八百一十二兩六分
七釐儘數支出并借支藩庫銀一十萬兩又於
關庫動支報解節省水脚銀三萬八千二百三
十三兩二錢九分七釐内撥出銀一萬一百八
十七兩九錢三分三釐三共撥足銀五十五萬
兩委員分解各在案以上辛酉年分共存應解
正雜盈餘銀九十九萬五千四百一十八兩九
錢均已全數支撥完訖尚餘存節省水脚銀二
萬八千四十五兩三錢六分四釐又查解部税

四九五　粤海關監督佶山奏折
起解關稅盈餘銀兩數目
(嘉慶五年十二月二十二日)

銀每千兩向有加平銀一十五兩今辛酉年分應解部正雜盈餘及節存水脚銀兩均已全數動撥所有加平毋庸添入計溢出銀一萬五千五百四兩七錢八分三釐連前餘存水脚銀二萬八千四十五兩三錢六分四釐二共存銀四萬三千五百五十兩一錢四分七釐儘數撥還藩庫尚欠銀五萬六千四百四十九兩八錢五分三釐并本年奉撥廣東省兵餉銀五十七萬八千一百二十四兩一分六釐内除解過銀三十萬兩尚未解銀二十七萬八千一百二十四

四九五　粤海關監督佶山奏折
起解關税盈餘銀兩數目
(嘉慶五年十二月二十二日)

兩一分六釐統在於壬戌年分税銀内找撥齊
全其加平小封亦應支存入於壬戌年分
奏銷報解以清年款現在實解造辦處裁存備貢
銀五萬五千兩部科飯食銀二萬九千九十八
兩六錢八分六釐又另應解部平餘罰料截曠
等銀七千九百八十四兩七分三釐此款係遵
照户部
奏准於奏銷案内按數剔除入於本案報銷不歸
并盈餘項下除恭疏
題報並填具文批於嘉慶五年十一月二十五日

委員起解赴部交納外所有錢糧收支實解數
目謹循例恭摺具
奏伏乞
皇上睿鑒敕部核覆施行謹
奏
戶部查核具奏
嘉慶五年十二月　二十二　日